Python 10行プログラミング

はじめに

　パソコンを使っていると、繰り返し何度も同じことをしなければならないことが、しばしばあります。

　たとえば、自分の氏名やメールアドレスが表示されている画像がたくさんあり、その部分にボカシを入れたいような場合です。
(その例は、実際に本書で紹介しています)。

　手作業でやるのなら、
[1] グラフィック・ソフトを起動。
[2] それらのファイルをひとつずつ開く。
[3] 該当の箇所を選択し、ボカシ機能を実行して上書き保存。
という流れになります。

　こうした作業は単純ではありますが、それなりに時間がかかります。
　10ファイルぐらいなら、手作業でもそれほどの手間ではないでしょう。
　では、100ファイル、1000ファイルあるときは、どうでしょうか。
＊
　このように、繰り返す数が増えるにしたがって期待したいのが、「プログラムによる自動化」です。
　プログラムは「繰り返し」が得意です。
　ですから、その処理をするプログラムを作ってしまえば、100ファイルでも1000ファイルでも、あっという間に片付きます。

　とはいえ、「自動化するプログラム」を作るのに3日も4日もかかるのなら、自動化の意味はありません。手作業でやったほうが早いからです。
　ですから、自動化を目指すなら、"プログラムがサッと作れる"ということが、大前提です。

はじめに

　では、「プログラムを作る」ことはそんなに簡単にできるのでしょうか。
答は「Yes」です。

　数年前までは、この答は「No」でした。しかし今では、「Yes」という答えになったのです。

　その理由は2つあります。
　ひとつは「**ライブラリやインターネットサービスの充実**」、そしてもうひとつは「**Pythonというプログラミング言語**」です。

＊

　最近、さまざまな機能が「ライブラリ」や「インターネットサービス」として登場しています。
　これらを使えば、「プログラム」を自分で作らなくても、「機能を呼び出す」だけで、さまざまなことが実現できます。

　たとえば、いま挙げた、「自分の氏名やメールアドレスが表示されている画像にボカシを入れる」という処理をする場合、①「**ボカシを入れる**」という**処理**が必要なのは明らかですが、それ以外にも、②「**自分の氏名やメールアドレスが画像のどの範囲に記載されているのか**」という、範囲の**抽出**も必要です。
　①の「ライブラリ」は昔からありましたが、②は「画像認識」や「機械学習」の研究が進んだ結果、近年実現したライブラリです。
　つまり、少し前までは、この手の自動化は難しかったのです。

＊

　もちろん、「ライブラリ」や「インターネットサービス」を使ったとしても、それを組み合わせるためのプログラムは、自分で書かなければなりません。
　そのプログラムが複雑であるとか、決まった書き方で短くならないのなら、全体としてプログラムが簡単にはなりません。
　それを解決するのが「**Python**」です。

はじめに

　「Python」は効率の良いプログラミング言語で、よくある定型的な処理を、短いコードで記述できます。
　また、さまざまな「ライブラリ」や「インターネットサービス」が、「Python」から使えるのも大きな魅力です。

＊

　本書は、こうした「ライブラリ」「インターネットサービス」と「Python」で、さまざまなことを「10行でやり遂げる」ことを実現した書籍です。

　「フォルダにファイルを置くと、自動的に印刷」「Webサイトのキャプチャを自動的に撮影」「Googleカレンダーの予定を一覧形式にする」など、あるとちょっと便利なプログラムを、20点以上紹介しています。

＊

　こうした便利なプログラムは、もちろん「実用的に使える」というメリットもありますが、「楽しくプログラミングできる」というメリットも、またもっています。

　最近のプログラミングは複雑怪奇になり、勉強して習得したプロでなければなかなか作れなくなってしまいました。
　しかし、本書で紹介する「10行プログラミング」は違います。
　「Pythonの実行環境」と「利用するライブラリ」さえ用意すれば、本当に、掲載されている10行だけを入力すれば動くのです。
　本書では、こうした時代のなか、「プログラミングの楽しさ」もふたたび伝えることができれば、嬉しい限りです。

＊

　本書の使い方は自由です。
　サンプルをそのまま使うも良し、改良するも良し。
　掲載されている10行は、例題などではなく、実際に実用的に動くプログラムです。
　これからプログラミングをし始める人にとって、「こんなことができるんだ」という興味の源にもなれば幸いです。

大澤　文孝

Python10行プログラミング

CONTENTS

はじめに ……………………………………………………………………… 3
「サンプル・プログラム」のダウンロード ……………………………… 8
本書のプログラムについて ………………………………………………… 8

第1章　　　　　　Excel、Word（Office関連）

[1-1]　「Excelワークシート」に入力された「申込書」を、一覧にする …… 9
[1-2]　Excelの表を「Wiki」の表記に置換 ……………………………… 13
[1-3]　Wordの「画像抜き出し」と「テキスト化」 …………………… 17
[1-4]　「画像」から「テキスト」を取り出す …………………………… 21

第2章　　　　　　　　PDF関連

[2-1]　PDFに記載された「URL」の有効性を確認 …………………… 26
[2-2]　「横断幕」や「垂れ幕」を作る …………………………………… 30
[2-3]　「A4サイズ」のPDFを「見開きA3サイズ」に変換 …………… 34
[2-4]　PDF（画像）の「差」を表示 ……………………………………… 38

第3章　　　　　　　ファイル&フォルダ操作

[3-1]　「フォルダに置かれたファイル」を自動印刷 …………………… 42
[3-2]　「2つのフォルダの差」を表示 …………………………………… 46
[3-3]　コピーした画像をファイルとして保存 ………………………… 51
[3-4]　「同じ内容のファイル」を見つけて削除 ………………………… 55

第4章　　　　　　　　画像関連

[4-1]　写真に重ねて文字を描く …………………………………………… 58
[4-2]　「画像マッチング」してボカシを入れる ………………………… 62
[4-3]　「白地図」を作る …………………………………………………… 67
[4-4]　検索した画像を、まとめて保存 …………………………………… 71

CONTENTS

第5章　作業の自動化

[5-1]　インストールの自動化 …………………………………………… 76
[5-2]　「マウス・ボタン」を連打する ……………………………………… 81
[5-3]　Webサイトの「画面キャプチャ」を撮る ………………………… 85
[5-4]　自動的にプログラムを実行 ………………………………………… 89

第6章　マルチメディア処理

[6-1]　音声で喋らせる ……………………………………………………… 96
[6-2]　「Chromecast」でパソコンの動画を再生 ……………………… 100
[6-3]　「動画のサムネイル」を作る ……………………………………… 104

第7章　ネットワークの処理

[7-1]　「Twitter」をテキスト形式で取得 ……………………………… 107
[7-2]　「Googleカレンダー」の予定を一覧にする …………………… 112
[7-3]　「FTP」にファイルをアップロード ……………………………… 117
[7-4]　「メール」を受信する ……………………………………………… 121

索引 …………………………………………………………………………… 125

「サンプル・プログラム」のダウンロード

本書の「サンプル・プログラム」は、工学社ホームページのサポートコーナーからダウンロードできます。

<工学社ホームページ>

http://www.kohgakusha.co.jp/support.html

ダウンロードしたファイルを解凍するには、下記のパスワードを入力してください。

59X662aitUcp

すべて「半角」で、「大文字」「小文字」を間違えないように入力してください。

本書のプログラムについて

本書のプログラムは、Windows版のPython 3.X系向け(3.5、3.6、3.7など)のものです。
(紹介しているプログラムの大半は、macOSやLinuxでも動作しますが、保証はしません)。
　実行には、「Python 3.X」のインストールが必要です。
　下記のサイトからダウンロードしてインストールしてください。

https://www.python.org/downloads/

また一部のプログラムの実行には、別途、ライブラリが必要です。
ライブラリのインストール方法については、都度、記載しています。

なお、記載している内容は、本書の執筆時点のものです。
　インターネットの情報は更新が早いため、記載しているダウンロード先のURLが、すでになくなっていることもあります。
　そのような場合には、Googleなどの検索エンジンを使って、そのライブラリ名などを検索してみてください。

●各製品名は、一般的に各社の登録商標または商標ですが、®およびTMは省略しています。

第1章

Excel、Word（Office関連）

　ワークシートの一覧化　　別書式への変換　　「画像」「テキスト」の取り出し

> 仕事の多くの場面で、「Excel」や「Word」を使います。
> これらの操作を自動化できれば、「時短」を実現できます。
> この章では、自動的に「集計」したり、「画像やテキストを取り出し」したりする方法を紹介します。

1-1　「Excelワークシート」に入力された「申込書」を、一覧にする

■ 入力ずみの「ワークシート」を、1枚にまとめる

　事務作業では、あらかじめ「郵便番号」「住所」「電話番号」「氏名」などの入力枠を作った「Excelワークシート」を各自に配り、入力してもらったものを集め、それらを一覧で管理する、ということがしばしばあります。
　「申込書」や「会員登録書」などは、その典型的な書類です。

　　　　　　　　　　　＊

集めた「ワークシート」をまとめる作業は、「コピペ」の繰り返しです。
数が少なければ、たいした手間ではありません。
しかし、何百枚もあると、たかがコピペでも大変な作業となります。

　そのようなときには、ある「ディレクトリ」にまとめて保存したExcelファイルを1つずつ読み込んで、別のシートに書き出すプログラムを作るといいでしょう。

第1章 Excel、Word(Office関連)

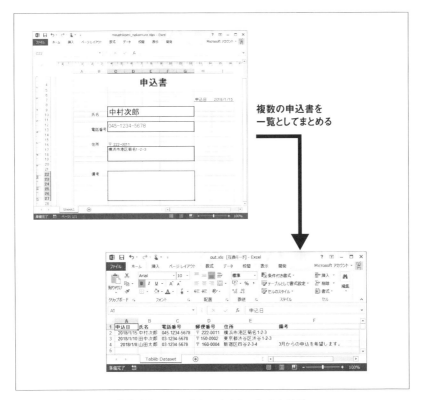

入力ずみのワークシートを1つにまとめる

■ 「xlrd」で読み込み、「tablib」で書き込む

今回は、Excelファイルを読み込むのに「xlrd」(http://xlrd.readthedocs.io/) を使い、書き込むのに「tablib」(http://docs.python-tablib.org/)を使います。

次のようにしてインストールしてください。

```
pip install xlrd
```

```
pip install tablib
```

[1-1] 「Excelワークシート」に入力された「申込書」を、一覧にする

■ プログラム

「10行プログラム」は、次の通りです。

【リスト】exceltable.py

```
1  import glob,xlrd,tablib
2  headers=('申込日','氏名','電話番号','郵便番号','住所','備考')
3  data = []
4  for file in glob.glob(r".¥datas¥*.xlsx"):
5    book = xlrd.open_workbook(file)
6    s = book.sheet_by_index(0)
7    data.append([xlrd.xldate.xldate_as_datetime(s.cell_value(6, 8), 0),s.cell_value(8,2),
8      s.cell_value(11,2),s.cell_value(15,2),s.cell_value(16,2),s.cell_value(21,2)])
9  out = tablib.Dataset(*data, headers=headers)
10 open('out.xls', 'wb').write(out.xls)
```

●「ディレクトリ一覧」をループ処理

まず、特定の「ディレクトリ一覧」にあるワークシートをループ処理します。

Pythonでは、次のように「globメソッド」を使うと、特定のディレクトリに存在する「*.xlsxファイル」をループ処理できます。
(例として「datasディレクトリ」を対象にしています)。

```
for file in glob.glob(r".¥datas¥*.xlsx"):
```

●「Excelファイル」を読み込む

「Excelファイル」を読み込むには、まず次のようにします。

```
book = xlrd.open_workbook(file)
```

＊

「1枚目のワークシート」は、次のようにして取得できます。

```
s = book.sheet_by_index(0)
```

＊

セルのデータは、「cell_valueメソッド」を使って取得できます。

第1章　Excel、Word(Office関連)

```
s.cell_value(行番号, 列番号)
```

＊

「行番号」と「列番号」は、それぞれ「0」から始まります。

ここでは、取得した「セル・データ」を、次のようにPythonの「リスト」として保存しています。

指定している「行」と「列」は、申込書のワークシートの「セル番号」と合わせてください。

```
data.append([xlrd.xldate.xldate_as_datetime(s.cell_value(6, 8),
0), s.cell_value(8,2),
   s.cell_value(11,2),s.cell_value(15,2),s.cell_value(16,2),s.
cell_value(21,2)])
```

なお、「日付」の入っているセルだけは、次のように「日付」に変換して読み込んでいます。

```
xlrd.xldate.xldate_as_datetime(s.cell_value(6, 8), 0)
```

●データの書き出し

データの書き出しには、「tablib」を使います。

次のようにすると、リストの内容を、「out.xls」というファイル名で、そのまま書き出せます。

```
out = tablib.Dataset(*data, headers=headers)
open('out.xls', 'wb').write(out.xls)
```

「tablib」では、Excelに書き出すときに細かい書式の設定ができませんが、このように、わずか2行でExcel出力できるのがポイントです。

> ※もし細かい書式設定したいのなら、「xlwt」(http://xlwt.readthedocs.io/)などの高性能ライブラリを使うといいでしょう。
>
> ※「tablib」を使って日付をExcelに書き出すと、「数字」になってしまいますが、セルの書式を変更すれば直ります。

■「tablib」は、「HTML」「YAML」「JSON」も扱える

「tablib」は、「表データ」を扱う「汎用ライブラリ」です。
「CSV形式」「HTML形式」「YAML形式」「JSON形式」にも対応しています。

たとえば、次のようにすれば、Excel形式ではなく「CSV形式」として出力できます。

```
print(out.csv)
```

ここでは、「Excel出力」に使ってみましたが、リストを「YAML形式」や「JSON形式」に変換したいとき、そのまま「CSV」に書き出したいときなど、「データ・コンバート」したい場面で便利に使えるはずです。

1-2 Excelの表を「Wiki」の表記に置換

■ Wikiの「textile記法」に置換

「Redmine」や「Backlog」のような、「プロジェクト管理ツール」が普及したこともあり、プログラム開発のドキュメントは、そうしたツールに含まれる「Wiki」に記述することが多くなりました。
「Wiki」は、「textile記法」を採用しており、「h1.」「h2.」などで見出しを付けたり、「*」で囲んで太字にしたりするなど、さまざまな書式があります。

こうした書式は、覚えればなんとかなるのですが、いかんせん扱いにくいのが「表」です。
「表」は、次のようにそれぞれの列を「|」で区切る必要があります。

```
|リンゴ|500|
|ミカン|300|
|バナナ|120|
```

作業してみると分かりますが、大きな「表」をこの書式で記述するのは、意外と面倒です。

第1章　Excel、Word(Office関連)

ここでは、「Excelの表」からこの書式を作るためのプログラムを作っていきます。

■「Tkinter」でテキスト入力

「textile記法」で表現する処理は、列項目の間に「|」を挿入するだけなので、文字列の処理としては難しくありません。

それよりも、使い勝手が大事です。

＊

今回は、「Tkinter」を使ったGUIアプリとして構成し、テキストを入力して[F1]キーを押すと、「textile記法」に変換されるという処理にします。

このプログラムは、ウィンドウ全体がテキストボックスになっています。

ユーザーは「Excelの表」を開き、コピペします。

そして[F1]キーを押すと、「texttile記法」に置換されるので、あとは「Wiki」などに、この文字列をコピペして使うという使い方を想定しています。

■プログラム

「10行プログラム」は、次の通りです。

【リスト】convtag.py

```python
import tkinter as tk
def convert(event):
    lines = tx.get("1.0", "end").split("\n")
    tx.delete("1.0", "end")
    tx.insert("end", "\n".join(["|" + l.replace("\t", "|") + "|" for l in lines if l!=""]))
root = tk.Tk()
tx = tk.Text(root)
tx.grid(column=0, row=0, sticky=(tk.N, tk.S, tk.E, tk.W))
root.bind("<F1>", convert)
root.mainloop()
```

●「Tkinter」で「テキストボックス」を表示

Windows版のPythonでは、「Tkinter」はデフォルトでインストールされています。

そのため、特にライブラリをインストールする必要はなく、次のようにインポートするだけで使えます。

```
import tkinter as tk
```

*

「Tkinter」を使うには、「ルート・ウィンドウ」を作り、その中に「ウィジェット」(widget)と呼ばれる部品を配置します。

「テキストボックス」は、「Text」という名前のウィジットです。
次のようにすると、「ルート・ウィンドウ」の全面に「テキストボックス」を貼り付けることができます。

```
root = tk.Tk()
tx = tk.Text(root)
tx.grid(column=0, row=0, sticky=(tk.N, tk.S, tk.E, tk.W))
```

*

キー入力されたときのイベントを設定するには、「bindメソッド」を使います。

ここでは[F1]キーが押されたときに、「convert」という関数が呼び出されるように設定しました。
(convert関数は、すぐあとに説明するように、入力されたテキストを「textile書式」に変換する処理をしています)。

```
root.bind("<F1>", convert)
```

*

すべての設定が終わったら、「mainloopメソッド」を呼び出します。
これでウィンドウが表示され、ユーザーがウィンドウを閉じるまで無限ループとなります。

第1章 Excel、Word(Office関連)

●入力されたテキストを置換

「テキストボックス」に入力されたテキストは、「getメソッド」で取得できます。

また、「splitメソッド」を使って、「改行」(¥n)で区切って、リストとして取得しています。

```
lines = tx.get("1.0", "end").split("¥n")
```

＊

取得したら、いったん「テキストボックス」の内容を削除します。

```
tx.delete("1.0", "end")
```

＊

Excelから貼り付けたときは、列の区切りが「タブ(¥t)」で区切られています。そこで、「タブ文字」を「|」に置換します。

行頭と行末にも「|」を追加します。

そうして作った文字列を、改行「¥n」で連結したものを設定します。

これで、「textile形式」に変換できます。

```
tx.insert("end", "¥n".join(["|" + l.replace("¥t", "|") + "|"
    for l in lines if l!=""]))
```

なお、最後の「if l!=""」は、その行が空(から)のときは取り除くためのものです。

これがないと、Excelから貼り付けた際、末尾の空行が「||」と置換されて、使いにくくなります。

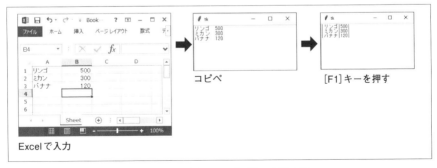

「Excel表」を「textile書式」に変換する

1-3　Wordの「画像抜き出し」と「テキスト化」

■ Word内に張り付けられた「画像」を、一括で抜き出す

Wordに貼り付けた「画像」を、すべて抜き出したいことがあります。

Wordで開いて「画像」を右クリックし、保存していけば抜き出すことはできますが、数が多いとその作業は大変です。

そのようなときは、プログラムに任せてしまいましょう。

●「docxファイル」を「zipファイル」として展開

実は、Wordの「docx形式」のファイルは、「zip形式」のファイルでもあります。

拡張子を「.docx」から「.zip」に変更すると、「zip形式」のファイルとして展開できます。

たとえば、画像が3つ含まれる「docxファイル」を展開すると、次ページの図のようなディレクトリ構造であることが分かります。

実は、この「word/multimedia」の中に、「画像ファイル」一式が含まれています。

つまり、「word/multimedia」からすべてのファイルを取り出せば、「画像ファイル」をすべて抜き出せるということになります。

第1章 Excel、Word(Office関連)

```
    [Content_Types].xml
─── customXml
    略
─── docProps
    略
─── word
        document.xml
    略
    ─── media
            image1.png
            image2.png
            image3.png
            image4.png
    略
```

「docx形式」のファイルを、拡張子「zip」に変更して開いた例

■ プログラム

「10行プログラム」は、次の通りです。

【リスト】figexport.py

```python
1  import zipfile
2
3  with zipfile.ZipFile('example.docx') as z:
4    for n in z.namelist():
5      if n.startswith('word/media'):
6        z.extract(n)
```

●「docxファイル」から「画像」を取り出す

Pythonで「zip形式」を扱うには、「zipfileライブラリ」を使います。

```
import zipfile
```

＊

「Zipfileメソッド」を使って、「docx形式」のファイルを開きます。

```
with zipfile.Zipfile('docxファイル名') as z:
```

[1-3] Wordの「画像抜き出し」と「テキスト化」

*

「namelistメソッド」を使うと、格納されているファイル一覧を取得できます。

このファイルのうち、「word/multimedia」から始まるファイル名のものを取り出せば、すべての画像を抜き出せます。

取り出すには、「extractメソッド」を使います。

```
for n in z.namelist():
  if n.startswith('word/media'):
    z.extract(n)
```

このように、とても簡単な操作でWordに含まれている画像ファイルを取り出せます。

*

ちなみに「Excel」(.xlsx)や「PowerPoint」(.pptx)の場合も、同様にして取り出せます。

Wordの場合と違うのは、格納される「フォルダ名」だけです。

「Excel」の場合は「xl/media」、「PowerPooint」の場合は「ppt/media」なので、その部分だけ変更すれば同様に処理できます。

■ Wordの文章を「テキスト化」する

「画像」を抜き出すのは簡単だったので、もうひとつ、「テキスト化」するプログラムも作ってみましょう。

*

「10行プログラム」の全文は、次の通りです。

【リスト】docxtotext.py

```
1  import zipfile, xml.etree.ElementTree as ET
2
3  with zipfile.ZipFile('example.docx') as z:
4    with z.open('word/document.xml') as f:
5      tree = ET.parse(f)
6      for e in tree.iter():
7        print(e.tag)
8        for n in e.itertext():
9          print(n, end='')
```

第1章 Excel、Word(Office関連)

●「xmlファイル」から文章を抜き出す

実は、Wordの文章は「XML形式」で、「word/document.xml」というファイルとして格納されています。

ですから、このファイルを読み込み、「XMLのタグを取り除く」という操作をすれば、Word文章のテキスト化ができます。

*

XMLを扱うには、「xml.etree.ElementTree」を使います。

```
import xml.etree.ElementTree as ET
```

*

読み込むには、「parseメソッド」を使います。

```
tree = ET.parse(f)
```

*

そして、すべてのツリーを読み込み、テキスト化して表示します。

```
for e in tree.iter():
  print(e.tag)
  for n in e.itertext():
    print(n, end='')
```

*

ここでは単純にテキストにしているだけなので、改行なしですべてつながって表示されてしまうなどの問題があります。

特定の「XMLタグ」だけを取り出すように処理すれば、「段落ブロックだけ」をうまく取り出すこともできます。

*

なお、Wordのドキュメントの仕様については、下記のドキュメントが参考になります。

```
https://msdn.microsoft.com/ja-jp/library/office/ff686712(v=office.14).aspx
```

1-4 「画像」から「テキスト」を取り出す

■「画像」から「テキスト」を抜き出す

　スキャンやカメラで撮った「画像」から、「テキスト」を抽出できると便利です。
　そうすれば、コピペもできますし、検索もしやすくなります。

*

　「テキスト」を抽出するには、「OCR処理」を行ないます。
　「OCR処理」するためのライブラリには、さまざまなものがありますが、Googleが提供している「tesseract-ocr」が、よく使われています。

```
https://github.com/tesseract-ocr/
```

　これはオープンソースの「機械学習」を用いた、「OCRエンジン」です。
　あらかじめ英語や日本語をはじめとした、各言語向けのさまざまな学習ずみのセットが提供されており、それを使って「OCR処理」ができます。
　もちろん、自分で学習させて、より精度を高めていくこともできます。

　「tesseract-ocr」自体は、単体のコマンドラインから実行するツールですが、Pythonをはじめとした各種プログラミング言語からも利用できます。

第1章 Excel、Word(Office関連)

■「tesseract-ocr」をインストール

「tesseract-ocr」をWindowsにインストールするには、少し工夫が必要です。

Windowsで使う場合、以下の「MB- UB-Mannheim」で配布されているインストーラを使うといいでしょう。

```
https://github.com/UB-Mannheim/tesseract/wiki
```

今回は、「バージョン4.0ベータ版」を使いました。
インストーラ形式なので、ダウンロードして手順に沿って進めていくと、インストールできます。

このとき、必ず「Additional language data (download)」の項目で「Japanese」にチェックを付けて、「日本語の学習セット」をインストールしてください。
そうしないと、日本語を「OCR処理」できません。

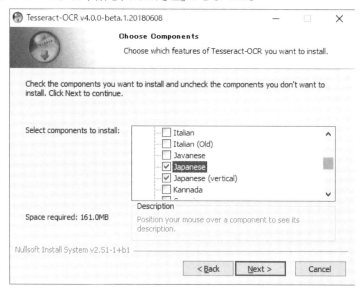

「日本語の学習セット」をインストール

[1-4] 「画像」から「テキスト」を取り出す

■「Python」で使えるようにする

「Python」から使えるようにするには、さらに、いくつかのインストールや設定が必要です。

①「pyocr」のインストール

「pyocr」は、「tesseract-ocr」を使うためのライブラリです。
「pipコマンド」を使って、次のようにインストールしてください。

```
pip install pyocr
```

②パスを通す

「pyocr」は、システムにインストールされている「teasseract-ocr」を探して、それを実行しようとします。
もし見つからないと、エラーになります。

そのため、インストールしたディレクトリに、「パス」を設定する必要があります。
デフォルトでは「C:¥Program Files(x86)¥Tesseract-OCR」というフォルダにインストールされるので、それを「環境変数」として登録します。

パスを「環境変数」として登録

第1章 Excel、Word（Office関連）

③「不具合」の修正

2018年6月時点で、「pyocr」には不具合があります。

具体的には、ソース中の「-psm」と書かれている部分は、「--psm」（マイナスが2つ）が正しいです。

次のようにすると、「Location」の部分に「pyocr」がインストールされた場所が表示されるので、そのフォルダに含まれているソースを開き、「-psm」を検索して「--psm」に置換してください。

```
pip show pyocr
Name: pyocr
Version: 0.5.1
……略……
Location: c:\users\kospachiro\appdata\local\programs
\python\python36-32\lib\site-packages
Requires: Pillow, six
Required-by:
```

■ プログラム

「OCR処理」を行なうための「10行プログラム」は、以下の通りです。

【リスト】ocr.py

```python
1  from PIL import Image
2  import pyocr
3  import pyocr.builders
4  
5  tools = pyocr.get_available_tools()
6  img = Image.open('example01.jpg')
7  txt = tools[0].image_to_string(
8      img, lang="jpn",
9      builder=pyocr.builders.TextBuilder())
10 print(txt)
```

プログラムを実行すると、同ディレクトリに保存されている「example01.jpg」をOCR処理して、テキストに変換できます。

参考までに、拙著の「sakura.ioではじめるIoT電子工作」の内容見本（http://

[1-4] 「画像」から「テキスト」を取り出す

www.kohgakusha.co.jp/samples/4512/download/p29.jpg）を変換してみたところ、次のようになりました。

この章では、「Arduino」に「押しボタン・スイッチ」を付け、「押しボタン・スイッチ」
の「オン/オフ」の状態を「コントロールパネル」で見ることができるプログラム（Arduino スケッチ）を作っていきます。

　括弧類の誤認識がありますが、概ね変換できており、性能は高そうです。

＊

　市販のソフトなどでも「OCR 機能」をもつものがあり、それらを使えば、プログラムから操作しなくてもテキストを抜き出すことはできます。
　しかし、プログラムから処理することの大きなメリットは、大量の画像を繰り返し、自動で処理できる点です。

　「名刺の整理」はもちろん、「スキャンした画像をテキスト化して、それをNAS などに自動的に、どんどんと保存していくシステム」など、さまざまな自動化をするときに、自前での「OCR 処理」が役立つはずです。

第2章 PDF関連

URLのチェック　文字列の分解　サイズの調整　差分を調べる

文書のやり取りに、「PDF」を使うことも増えてきました。PDFは印刷しやすいのがメリットです。
この章では、「PDF」で横断幕を作成したり、「見開きのPDF」を作ったりする方法を紹介します。

2-1　PDFに記載された「URL」の有効性を確認

■「URL」に間違いがないかを自動でチェック

筆者は、提出する文書に、原典や参考先の情報として「URL」を記載することが、よくあります。

「URL」は、

・打ち間違いがある
・古くなるとなくなったり、移動したりすることがある

ことから、提出前の再確認作業が欠かせません。

最近はページの更新も早いため、1ヶ月前に確認した「URL」がなくなっていることも、よくある話です。

かといって、ドキュメントに記載した「URL」すべてを手作業で確認するのは、とても大変です。

実際、書籍を増刷するときなどには、「URL」を再チェックすることになるのですが、その作業はとても大変です。

ここで解説するプログラムは、そうした思いから生まれたものです。

[2-1] PDFに記載された「URL」の有効性を確認

●プログラムの構成

このプログラムは、

・PDFから「テキスト」を抜き出す。
・テキストから「URL」と思わしき文字列を抜き出し、「HTTP」や「HTTPS」などで接続して、存在を確かめる。

という構成です。

■ PDFから「テキスト」を抜き出す

まずは、PDFを「テキスト化」します。
「テキスト化」にはいくつか方法がありますが、ここでは、PythonでPDFを扱う「pdfminer3k」というモジュールを使います。

```
https://pypi.python.org/pypi/pdfminer3k
```

「pdfminer3k」は、「pipコマンド」でインストールできます。

```
pip install pdfminer3k
```

インストールすると、「Scripts」ディレクトリに、「pdf2txt.py」という「ユーティリティ・プログラム」が置かれます。

このプログラムを、

```
python pdf2txt.py PDFファイル
```

のようにして実行すると、PDFファイルをテキスト化したものが画面に表示されます。

> ※「pdfminer3k」はPDFのツリー構造を操作できるモジュールですが、ツリー構造を解釈して全文をテキスト化するのは、少しコードが長くなります。
> そこで、テキスト化する作業は自前で書かず、付属の「pdf2txt.py」を使うことにしました。

第2章 PDF関連

■プログラム

「10行プログラム」は、次の通りです。

【リスト】pdflinkchk.py

```python
 1  import subprocess, re, urllib.request, sys
 2  for filename in sys.argv[1:]:
 3    out, err = subprocess.Popen(
 4      'C:\\Python34\\python C:\\Python34\\Scripts\\pdf2txt.py %s'
 5      % (filename),
 6    shell=True, stdout=subprocess.PIPE,
 7    stderr=subprocess.PIPE).communicate()
 8    for url in re.findall('https?://[\w\-./?%&=]+',
 9    out.decode('shift-jis', 'ignore')):
10      try:
11      req = urllib.request.Request(url,
12      headers={"User-agent" : 'Mozilla/5.0'})
13      with urllib.request.urlopen(req) as f: print(url + " ... OK")
14      except urllib.error.HTTPError: print(url + " ... NG")
```

●「シェル」で実行

「subprocess.Poepnメソッド」を使うと、外部シェルでプログラムを実行できます。

```
out, err = subprocess.Popen(
 'C:\\Python34\\python C:\\Python34\\Scripts\\pdf2txt.py
%s' % (filename),
  shell=True, stdout=subprocess.PIPE, stderr=subprocess.PIPE).
communicate()
```

> ※「shell=True」としているため、シェルが実行されます。
> 「OSコマンド・インジェクション」の脆弱性につながるので、利用の際には、注意してください。

Pythonのパスは、環境に合わせてください。

上記にあるように、「communicateメソッド」を呼び出すと実行され、「標準出力」(out)と「標準エラー出力」(err)が得られます。

なお、エラーチェックは省いています。

[2-1] PDFに記載された「URL」の有効性を確認

「if err: print(err)」と書けば、エラーがあったときに表示されます。

■「URL」の存在確認を行なう

「pdf2txt.py」を実行して得たテキストの中から、「URL」と思わしき部分を「正規表現」で探します。

ただし、PDFの文字コードは「シフトJIS」(shift-jis)であることを前提としました。

```
for url in re.findall('https?://[¥w¥-./?%&=]+', out.decode('shift-jis', 'ignore')):
```

●「User-Agent」を指定

そして、「URL」に実際に接続します。

ここでポイントになるのが、「User-Agentを設定すること」です。
サーバによっては、プログラムによる連続アクセスを防ぐため、人間が使うブラウザの「User-Agent」でない場合は、「403エラー」を返すように設定されていることがあります。

そこで、ここでは「Mozilla/5.0」を設定して、この制約から逃れています。

```
req = urllib.request.Request(url, headers={"User-agent" : 'Mozilla/5.0'})
```

＊

そして、「urlopenメソッド」を使って接続し、接続できれば「OK」と表示します。

```
with urllib.request.urlopen(req) as f: print(url + " ... OK")
```

＊

エラーのときは「HTTPError例外」が発生するので、「NG」と表示します。

```
except urllib.error.HTTPError: print(url + " ... NG")
```

第2章 PDF関連

■プログラムの実行

コマンドから、

```
python pdflinkchk.py example.pdf
```

などのようにして実行すると、「example.pdf」に記載されている「URL」が抜き出され、

```
http://www.kohgakusha.co.jp/ ... OK
http://www.example.co.jp/foobar.html ... NG
...
```

というように、「OK」か「NG」かで一覧出力されます。

2-2　「横断幕」や「垂れ幕」を作る

■「A4サイズ」の用紙1枚に、「1文字」を大きく印刷

街には、さまざまな「POP」が溢れています。

「POP」の作り方のひとつとして、A4用紙に1文字を大きく印刷し、それを窓ガラスに並べたり、糊でつないで貼ったりして、「横断幕」や「垂れ幕」を作るものがあります。

たとえば、携帯電話屋さんには「機種交換がお得！」といったメッセージが窓ガラスに貼られていますし、「Happy Halloween」や「Merry Christmas」などの季節のメッセージも、よく目にします。

＊

こうした「横断幕」や「垂れ幕」を作るには、「Word」などのワープロソフトを使って、大きな文字で1文字ずつ作っていく方法もありますが、手作業だと、なかなか手間がかかります。

普通は、そうした機能をもつ市販のソフトやフリーソフトを使って作るのが一般的です。

しかし、実はこうした作り方はさほど難しいものではなく、簡単なものなら、10行程度のプログラムで実現できてしまいます。

[2-2] 「横断幕」や「垂れ幕」を作る

●「PDF」で文字を出力

ここで作るプログラムは、「文字列」を指定すると、それを1文字ごとに分解し、A4用紙1枚に1文字を大きく出力する機能をもつものです。

たとえば、「月刊I/Oは40周年！」という文字列を指定すると、「月」「刊」……「周」「年」「！」と出力された、全11枚のPDFを作ります。

これを印刷してつなげば、POPが出来上がります。

A4用紙1枚に1文字ずつ出力

■ PDFを作るライブラリ

●「ReportLab」をインストール

PDFを作るにはいくつかの方法がありますが、ここでは「ReportLab」というライブラリを使います。

「Windows」「Mac」「Linux」などで動作します。

http://www.reportlab.com/

「座標」を指定して、「文字」や「図形」を描画して作るほか、あらかじめ「テンプレート」を作っておき、そこに「文字」を埋め込んで出力することもできます。

*

第2章 PDF関連

インストールは、Pythonの「pipコマンド」を使って行ないます。

```
pip install reportlab
```

■プログラム

「10行プログラム」は、次の通りです。

【リスト】oudanmaku.py

```python
from reportlab.pdfgen import canvas
from reportlab.lib.units import inch,mm,cm
from reportlab.pdfbase import pdfmetrics, ttfonts
pdf = canvas.Canvas("output.pdf", pagesize=(210 * mm, 297 * mm))
pdfmetrics.registerFont(ttfonts.TTFont("IPA Gothic", "ipaexg.ttf"))
for ch in "月刊I/Oは40周年！":
    pdf.setFont("IPA Gothic", 210 * mm)
    pdf.drawCentredString(210 / 2 * mm, (297 - 210) / 2 * mm, ch)
    pdf.showPage()
pdf.save()
```

●PDFを作る

まずは、「出力先のファイル名」と「用紙サイズ」を決めます。

以下は、「A4サイズ」で「output.pdf」というファイルを作るプログラムです。

```
pdf = canvas.Canvas("output.pdf", pagesize=(210 * mm, 297 * mm))
```

「サイズ」や「座標」の単位は、「ポイント(pt)」です。

「ミリメートル」や「センチメートル」などに変換するには、「reportlab.lib.units」で定義された「mm」や「cm」などの定数を掛け算します。

＊

「利用するフォント」を登録します。

```
pdfmetrics.registerFont(ttfonts.TTFont("IPA Gothic", "ipaexg.ttf"))
```

[2-2] 「横断幕」や「垂れ幕」を作る

　ここでは、IPAが配布している「IPAフォント」を利用しています。

```
https://ja.osdn.net/projects/ipafonts/
```

＊

　「フォント」を指定して、「文字出力」をします。
　「drawCenteredStringメソッド」を使うと、指定した座標を中心点として「文字」を描画できます。
　少し分かりにくいのですが、「原点」は、ページ「左上」ではなく「左下」です。

```
pdf.setFont("IPA Gothic", 210 * mm)
pdf.drawCentredString(210 / 2 * mm, (297 - 210) / 2 * mm, ch)
```

＊

　「showPageメソッド」を呼び出すと、そのページの描画を終えて、改ページします。

```
pdf.showPage()
```

＊

　すべての操作が終わったら、「saveメソッド」を呼び出して保存します。

```
pdf.save()
```

●「バーコード印刷」もできる

　「ReportLab」では、「表印刷」したり「バーコード印刷」したりすることもできます。
　たとえば、「データベースから取得したデータを、整形して印刷したい」といったときにも、「ReportLab」は役立つはずです。

第2章 PDF関連

2-3 「A4サイズ」のPDFを「見開きA3サイズ」に変換

■「A4サイズ」のページ2枚を、「A3サイズ」に変換

先方から「A4」サイズのPDFファイルが送られてきたとき、これを「見開きA3」のサイズで印刷したいことがあります(または、「B5サイズ」を「B4」で)。

もちろん、「Adobe Reader」や「プリンタ・ドライバ」などで「見開き印刷」することもできますが、数が多いと手作業で設定するのは面倒です。

そうしたときには、「PDFファイル」自体を、変換してしまいましょう。

つまり、「1ページ目を左側、2ページ目を右側」に配置したPDFを新しく作るのです。

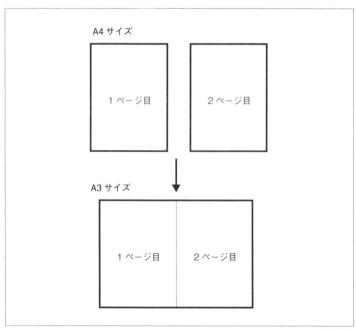

「A4」サイズ2枚を、「A3」サイズ1枚に

[2-3] 「A4サイズ」のPDFを「見開きA3サイズ」に変換

■ PDFを読み書きする

ここでは、「PyPDF2」というライブラリを使ってPDFを作ります。

```
https://mstamy2.github.io/PyPDF2/
```

●「PyPDF2」をインストール

「PyPDF2」は、既存のPDFの「読み込み」「回転」「並べ替え」「暗号化」「新規作成」など、主にファイルやページの操作を主体としたライブラリです。

「pipコマンド」で、インストールできます。

```
pip install pypdf2
```

■ プログラム

「10行プログラム」は、次の通りです。

【リスト】convertpdf.py

```python
1  from PyPDF2 import PdfFileWriter, PdfFileReader
2  base = PdfFileReader(open("src.pdf", "rb"))
3  out = PdfFileWriter()
4  for (pageLeft, pageRight) in zip(*[iter(base.pages)]*2):
5    sz = pageLeft.mediaBox.getUpperRight()
6    pageLeft.mergeTranslatedPage(pageRight, float(sz[0]), 0)
7    pageLeft.mediaBox.upperRight = pageLeft.cropBox.upperRight = (float(sz[0]) * 2.0 , sz[1])
8    out.addPage(pageLeft)
9  if (base.getNumPages() % 2 == 1): out.addPage(base.pages[-1])
10 out.write(open("dest.pdf", "wb"))
```

第2章　PDF関連

● 「見開き」に変換

「PdfFileReaderオブジェクト」を使って、PDFファイルを読み込みます。

```
base = PdfFileReader(open("src.pdf", "rb"))
```

＊

PDFを作るには、「PdfFileWriterオブジェクト」を使います。

```
out = PdfFileWriter()
```

＊

PDFの全ページは、「PdfFileReaderオブジェクト」の「pagesメソッド」で取得できます。

ここでは次のように、「左ページ」(pageLeft)と「右ページ」(pageRight)を取り出しています。
これは、「PageObject」というオブジェクトとして構成されます。

```
for (pageLeft, pageRight) in zip(*[iter(base.pages)]*2):
```

＊

取得した「PageObjectオブジェクト」は、テキストを取得したり描画したり、他のページを重ねたりするためのメソッドがあります。
今回のように、左右のページを合わせるには「mergeXXXX」系のメソッドを使います。

ここでは、「mergeTranslatedPageメソッド」を使いました。
このメソッドは、指定した位置だけズラしてページを重ね合わせます。

ページサイズは「mediaBox.getUpperRightメソッド」で取得できるので、移動すべき位置は、そこから算出します。

以下のコードで、「左ページ」の右側に、「右ページ」が追加されます。

```
sz = pageLeft.mediaBox.getUpperRight()
pageLeft.mergeTranslatedPage(pageRight, float(sz[0]), 0)
```

＊

[2-3] 「A4 サイズ」の PDF を「見開き A3 サイズ」に変換

　このままだと、ページサイズが元のままなので、追加した右ページのぶんだけ広げます。

```
pageLeft.mediaBox.upperRight = pageLeft.cropBox.upperRight =
(float(sz[0]) * 2.0 , sz[1])
```

＊

　右ページを、新しく作る PDF に追加します。

```
out.addPage(pageLeft)
```

＊

　そして最後に、「write メソッド」でファイルに書き出します。

```
out.write(open("dest.pdf", "wb"))
```

■「分割」「回転」「逆順」「面付け」もできる

　上記のプログラムを使えば、逆に「見開き」のものを別々に分割したり（A3→A4 を 2 枚）、ページの「回転」や「逆順」もできます。
　ページの順序変更も容易なので、たとえば「冊子の中とじ向けに面付けする」といった用途にも使えるでしょう。

2-4 PDF(画像)の「差」を表示

■ PDF同士の比較

ドキュメントの改訂を重ねていると、「どこが更新されたのか」を確認したいことがあります。

テキストならば、「diff」などで差分をとることですぐに分かりますが、PDFの場合はそうもいきません。

そんなとき、「ページごとに画像ファイルにして、その画像を重ねて、違うところを表示する」という方法が考えられます。

■ PDFを画像に変換

PDFを画像に変換するにはいくつか方法がありますが、ここでは「ImageMagick」と「GhostScript」を使います。

そしてPythonからは、「Wand」というライブラリを使います。

●「ImageMagick」をインストール

「ImageMagick」は、画像処理のライブラリです。

画像を読み込んで「拡大」「縮小」「回転」「合成」などの各種フィルタ操作ができます。

http://www.imagemagick.org/

Windowsで利用する場合は、Windows用のバイナリをダウンロードしてインストールします。

「32ビット版」と「64ビット版」があるので、利用している「Pythonのバージョン」(利用しているOSではない)に合わせて選んでください。

また、インストールする際に、「Install development headers and libraries for C and C++」にチェックを付けることが必要です。

[2-4] PDF（画像）の「差」を表示

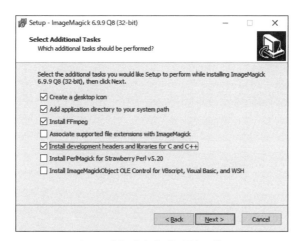

ImageMagickのインストール

● 「GhostScript」のインストール

「GhostScript」は、「PostScript」と呼ばれるプリンタ制御言語のライブラリで、PDFの解析に必要です（「PDF」は「PostScript」を発展させたものです）。

https://ghostscript.com/

● 「Wand」のインストール

「ImageMagick」をPythonから利用するライブラリが、「Wand」です。「pipコマンド」でインストールできます。

```
pip install wand
```

■ プログラム

「10行プログラム」は、次の通りです。

【リスト】diffpdf.py

```
1  from wand.image import Image
2  img1 = Image(filename="pdf01.pdf", resolution=150)
3  img2 = Image(filename="pdf02.pdf", resolution=150)
4  page = 0;
```

```
 5  for i in range(len(img1.sequence)):
 6      png01 = img1.sequence[i]
 7      png02 = img2.sequence[i]
 8      png01.composite_channel(channel='composite_channels',
    operator='difference', image=png02, left=0, top=0)
 9      page = page + 1
10      Image(image=png01).save(filename="output" + str(i) +
    ".png")
```

●PDFファイルの読み込み

画像ファイルを読み込むには、「Imageオブジェクト」を作ります。

「resolution」は、読み込み解像度です。

```
img1 = Image(filename="pdf01.pdf", resolution=150)
img2 = Image(filename="pdf02.pdf", resolution=150)
```

●ページの数だけ処理する

ページ数は、「sequence」の長さとして取得できるので、その数だけループします。

```
for i in range(len(img1.sequence)):
```

＊

「iページ目」は、次のように取得できます。

```
png01 = img1.sequence[i]
png02 = img2.sequence[i]
```

●差分を重ねて保存

2つの画像の差分をとります。

ここでは、「composite_channelメソッド」を使って、2枚の画像を重ね合わせて演算する方法にしました。

```
png01.composite_channel(channel='composite_channels',
operator='difference', image=png02, left=0, top=0)
```

[2-4] PDF (画像) の「差」を表示

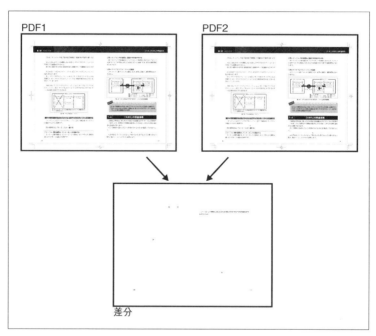

画像を重ねて比較する

*

比較画像ができたら、「saveメソッド」を呼び出して、保存します。

```
Image(image=png01).save(filename="output" + str(i) + ".png")
```

■「PDFのサムネイル」を作りたいときにも使える

今回の例は、単純に「PDFのサムネイルを作りたい」という場面でも利用できます。

ちなみに、「サムネイル化」する方法は簡単で、
```
img1 = Image(filename="pdf01.pdf", resolution=150)
img1.save(filename="pdf01.png")
```
のようにするだけです。

これだけで、「pdf01-1.png」「pdf01-2.png」…というファイルが作られます。

第3章
ファイル&フォルダ操作

自動印刷　差分表示　画像の保存　ファイルの削除

「ファイルのコピー」や「フォルダ管理」は、パソコンでの操作に欠かせません。
この章では、フォルダを監視してファイルを保存したときに何か処理する方法や、ファイルの違いを一覧表示したりする方法を紹介します。

3-1 「フォルダに置かれたファイル」を自動印刷

■ フォルダを監視して、何らかの処理を行なう

　パソコンを使っていると、特定のフォルダにファイルをコピーするだけで、何か操作できると便利です。

　たとえば、あるフォルダにファイルを置くと、それを印刷したり、メールしたりする仕組みを作るなどです。

　そのような操作は、「フォルダを監視するプログラム」を実行することで実現できます。

　そこで、フォルダにファイルをコピーすると、それが自動的に印刷されるプログラムを紹介します。

[3-1] 「フォルダに置かれたファイル」を自動印刷

■ フォルダの監視と印刷のためのライブラリ

プログラムで肝となるのが、「フォルダの監視」と「印刷」です。
今回は、次の2つのライブラリを使いました。

①フォルダの監視

フォルダの監視には、「WatchDog」というライブラリを使います。

```
https://pythonhosted.org/watchdog/
```

このライブラリは、次のように「pipコマンド」でインストールできます。

```
pip install watchdog
```

②ファイルの印刷

Pythonからファイルを印刷するのは、機種依存になるため、少し複雑です。

ここではWindowsの場合を想定し、Windowsの「Win32API」を使って、「印刷用にファイルを開く」という操作をすることで、そのファイルの種類(拡張子)のデフォルトのアプリで印刷することにします。

> ※「Win32API」とは、WindowsのOS部分に実装されているAPI機能のことです。

「Win32API」を実行するには、「PyWin」というライブラリを使います。

```
https://sourceforge.net/projects/pywin32/files/pywin32/
```

上記のサイトにアクセスすると、それぞれのPythonバージョン用の「バイナリ・ファイル」が見つかるはずです。
その「バイナリ・ファイル」をダウンロードして、インストールしてください。

第3章　ファイル&フォルダ操作

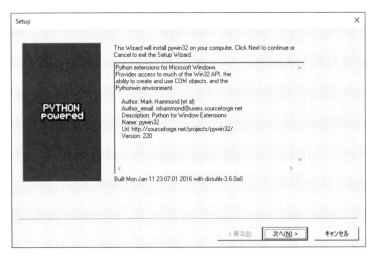

「PyWin」のインストール

■ プログラム

「10行プログラム」は、次の通りです。

【リスト】watchfolder.py

```python
from watchdog.events import FileSystemEventHandler
from watchdog.observers import Observer
import time,win32api
class ChangeHandler(FileSystemEventHandler):
  def on_modified(self, event):
    win32api.ShellExecute(0, "print", event.src_path, None, ".", 0)
observer = Observer()
observer.schedule(ChangeHandler(), "C:\\example", recursive=True)
observer.start()
while True: time.sleep(5)
```

●「フォルダ監視」の仕組み

フォルダを監視するには、「FileSystemEventHandler」から継承したクラスを作ります。

そして、その「on_XXXXメソッド」で、「フォルダに対して、何かが起きたときの処理」を記述します（次の表を参照）。

[3-1] 「フォルダに置かれたファイル」を自動印刷

メソッド名	意味
on_any_event	すべて
on_created	作成された
on_deleted	削除された
on_modified	変更された
on_moved	移動した

　ここでは、次のように「変更された」ときに呼び出される「on_modified メソッド」で、印刷処理を実行するようにしています。

```
class ChangeHandler(FileSystemEventHandler):
  def on_modified(self, event):
    win32api.ShellExecute(0, "print", event.src_path, None, ".", 0)
```

　「on_modified」が呼び出されたとき、「event引数」には、該当のファイル名などの情報が含まれています。
　ここでは、「Win32API」の「ShellExecute関数」を使って、そのファイルを印刷するようにしました。

※話を簡単にするため、フォルダがコピーされたかどうかの判定は省略しています。
　「event引数」の「is_directory」がTrueのときはフォルダなので、そのときは印刷を除外するか、その中身すべてをループ処理するように実装するのがいいでしょう。

●「監視するフォルダ」の指定

　実際に監視処理を始めるには、「Observerオブジェクト」の「scheduleメソッド」を実行し、対象となるフォルダを指定します。

　ここでは、「C:¥exampleフォルダ」を監視対象にしました。
　ですから、「C:¥exampleフォルダ」に何かファイルを置けば、それが印刷されます。

```
observer = Observer()
observer.schedule(ChangeHandler(), "C:¥¥example", recursive=True)
```

＊
　そして、「startメソッド」を実行すると、実際に監視が始まります。

第3章　ファイル&フォルダ操作

```
observer.start()
```

> ※「on_modifiedメソッド」は、ファイルが更新されたときしか呼び出されません。
> つまり、このプログラムの実行前に、「C:¥¥exampleフォルダ」に何かファイルが保存されていても、それらが印刷されるわけではありません。

■「メール送信」や「FTP転送」「PDF変換」もできる

ここでは、「印刷」を例に採りましたが、実際には、もっとさまざまなことができます。

たとえば、「メールで送信する」とか、「FTPで別のサーバにコピーする」「PDFに変換する」など、アイデア次第で便利なプログラムができると思います。

3-2　「2つのフォルダの差」を表示

■ 2つのフォルダの違いを調べる

データをUSBメモリにコピーして持ち運んで外出先で作業したり、バックアップを作ったりしていると、「どのファイルを、どのように変更したのか」が分からなくなってしまうことがあります。

このようなとき、Pythonでは「dircmp関数」を使うと、2つのフォルダに、どのように差があるのかを調べることができます。

この関数は、「標準ライブラリ」に付属しているので、利用するのにあたって、あらかじめインストールしておかなければならないものはありません。

■「dircmp関数」を使って再帰的に探す

「dircmp関数」を使ってフォルダ間の差を調べる「10行プログラム」は、次の通りです。

【リスト】diff.py

```python
1   from filecmp import dircmp
2   def viewdiff(dcmp):
3     for name in dcmp.left_only:
4       print("%sは%sだけにあります" % (name, dcmp.left))
5     for name in dcmp.right_only:
6       print("%sは%sだけにあります" % (name, dcmp.right))
7     for name in dcmp.diff_files:
8       print("%sは両者で異なります (%s %s)" % (name, dcmp.left, dcmp.right))
9     for sub_dcmp in dcmp.subdirs.values():
10      viewdiff(sub_dcmp)
11  viewdiff(dircmp('C:\\exampledir01', 'C:\\exampledir02'))
```

※「10行プログラム」と言いながら、11行あります。これ以上縮まらなかったので、ご容赦ください。

このプログラムを実行すると、たとえば、その差が次のように表示されます。

```
10行PG_第6回.docx は C:\exampledir02 だけにあります
10行PG_第3回.docx は両者で異なります (C:\exampledir01 C:\exampledir02)
index.html は両者で異なります (C:\exampledir01 C:\exampledir02)
oudanmaku.py は C:\exampledir01\sample だけにあります
convertpdf.png は C:\exampledir02\sample だけにあります
```

第3章　ファイル&フォルダ操作

●「フォルダの内容」を比較

「フォルダの内容」を比較するには、次のように2つのフォルダを指定して「dircmp関数」を呼び出します。

便宜的に1つ目の引数を「左のフォルダ」、2つ目の引数を「右のフォルダ」と呼びます。

以下では、「C:¥exampledir01」が「左フォルダ」で、「C:¥exampledir02」が「右フォルダ」で、この左右を比較しようという考え方です。

```
dcmp = dircmp('C:¥¥exampledir01', 'C:¥¥exampledir02')
```

＊

「dircmp関数」を呼び出すと、戻り値として「dircmpオブジェクト」が得られます。

「dicrmpオブジェクト」には、主に、次のプロパティがあり、「左だけにあるファイル」「右だけにあるファイル」「内容が異なるファイル」が分かります。

プロパティ	意　味
left_only	左だけに存在する
right_only	右だけに存在する
diff_files	内容が異なる

※「dircmp関数」を使った比較は、高速化のために、「stat関数」を使って「更新日」や「ファイルサイズ」を比較しています。
内容が等しいかどうかを1バイトずつ比較しているわけではありません。

そこで、たとえば、「左」だけに存在するファイルは、次のようにして表示できます。

ここで指定している「dcmp.left」は、「左フォルダ」の名前を保持しているプロパティです。

```
for name in dcmp.left_only:
    print("%sは%sだけにあります" % (name, dcmp.left))
```

同様にして、「右側だけ」や、「差がある」ファイルも、次のようにして表示できます。

```
for name in dcmp.right_only:
  print("%sは%sだけにあります" % (name, dcmp.right))
for name in dcmp.diff_files:
  print("%sは両者で異なります (%s %s) " % (name, dcmp.left, dcmp.right))
```

●再帰的に探す

「サブフォルダ」がある場合は、それを再帰的に辿ります。

「サブフォルダ」は、「subdirsプロパティ」に格納されているので、次のようにします。

```
for sub_dcmp in dcmp.subdirs.values():
  viewdiff(sub_dcmp)
```

■「差」を分かりやすく表示

ここでのプログラムは、「差があるファイル名」を表示するだけですが、テキストファイルなどでは、具体的に、どこがどう違うのかを見たいことがあります。

Pythonでは、そうした目的のために「difflibライブラリ」が付属しています。このライブラリを使うと、差を分かりやすく表示できます。

*

具体的には、リストの、

```
print("%sは両者で異なります (%s %s) " % (name, dcmp.left, dcmp.right))
```

の部分を、次のようにします。

```
if name.endswith('.txt') or name.endswith('.html'):
  sys.stdout.writelines(difflib.context_diff(
    open(os.path.join(dcmp.left, name)).readlines(),
    open(os.path.join(dcmp.right, name)).readlines()))
```

第3章 ファイル&フォルダ操作

すると、差があるときに、

```
***
---
***************
*** 186,194 ****
  <TR><TH BGCOLOR="#CC0000"><FONT COLOR="WHITE" SIZE="-1"><B>月刊</B></FONT></TH></TR>
- <TR><TD ALIGN="CENTER"><FONT SIZE="-2"><A HREF="/books/detail/4498" class="fontdg"><IMG SRC="/topimage/img_0.jpg" ALT="書籍画像" BORDER="0" HEIGHT="100"><BR CLEAR>I/O 2017年12月号</A></FONT></TD></TR>
…略…
--- 186,191 ----
```

のように表示されるようになります。

＊

「difflibライブラリ」には、ほかにも差をHTMLの「table」として表示する「HtmlDiffクラス」などもあり、こうしたクラスを使うと、さまざまな形式で差を視覚化できます。

3-3　コピーした画像をファイルとして保存

■ クリップボードの画像を保存

　Windowsでは、[PrintScreen]キーや[Alt]＋[PrintScreen]キーを押すと、画面キャプチャを撮影して、クリップボードに保存できます。
　こういたキャプチャをファイルとして保存するには、①何らかの「グラフィック・ソフト」(標準ソフトで言えば「ペイント」)を起動して、②貼り付けてから、③ファイルに保存する——という操作をするのが基本ですが、手間がかかります。

　そこで紹介するのが、今回の「10行プログラム」です。

　起動したとき、クリップボードに画像が入っていたら、「ファイル名」を設定して、その「画像」を保存します。

■「画像処理ライブラリ」で操作

　このようなプログラムを作る場合、昔は「pywin32」というWindows関係の拡張モジュールを使ってクリップボードのデータを読み込み、それを画像として保存する処理が必要でした。
　しかし、今では「画像処理ライブラリ」である「Pillow」に、クリップボードから画像を取得して保存する機能があるため、とても簡単です。
　　　　　　　　　　　　　　＊
　「Pillow」は、「pipコマンド」でインストールしてください。

```
pip install pillow
```

第3章　ファイル&フォルダ操作

■ プログラム

「10行プログラム」は、以下の通りです。

【リスト】cliptofile.py

```
1  from PIL import ImageGrab, Image
2  import tkinter.filedialog
3  im = ImageGrab.grabclipboard()
4  if isinstance(im, Image.Image):
5    tk = tkinter.Tk()
6    tk.withdraw()
7    exportFile = tkinter.filedialog.asksaveasfile(file
   types=[('PNG形式ファイル','*.png'), ('すべてのファイル', '*.*')])
8    if exportFile is not None:
9      im.save(exportFile.name)
10     print('保存しました')
```

●「クリップボード」の画像を保存

「クリップボード」の画像を取得するには、「ImageGrab.getclipboardメソッド」を使います。

```
im = ImageGrab.grabclipboard()
```

＊

クリップボードに「Pillow」が処理可能な画像データが格納されていた場合、この戻り値は、「Image.Imageオブジェクト」になります。

```
if isinstance(im, Image.Image):
    …クリップボードに画像がある…
```

＊

このデータは「saveメソッド」を使うと保存できます。

たとえば、次のようにすると、「example.png」というファイルとして保存できます。

```
im.save('example.png')
```

＊

「saveメソッド」は、拡張子でファイルの種類を判断します。

[3-3] コピーした画像をファイルとして保存

たとえば、次のようにすれば「JPEG形式」として保存されます。

```
im.save('example.jpg')
```

※「JPEG形式」の場合は、圧縮率を指定するオプションを、「saveメソッド」を実行する前に指定しておいたほうがいいでしょう。

●ユーザーにファイル名を尋ねる

これだと、いつも指定したファイルにしか保存できないので、ユーザーにファイル名を尋ねたほうがいいでしょう。

それには、「Tkinterモジュール」の「filedialog.asksaveasfileメソッド」を使います。

*

「Tkinterモジュール」は、PythonでGUI機能を提供するためのライブラリで、Windows版のPythonには、標準でインストールされています。

まずは、「Tkinter」のインスタンスを作り、「withdrawメソッド」を実行します。

```
tk = tkinter.Tk()
tk.withdraw()
```

上記の2行は必須ではありませんが、もし記述しないと小さな「Tkinter」のウィンドウが開いてしまいます(気にしないのなら、実害はありません)。

*

そして、「filedialog.asksaveasfileメソッド」を実行して、ユーザーにファイル名を尋ねます。

「filetypesオプション」には、デフォルトの拡張子を設定します(省略してもかまいません)。

また、ここでは指定していませんが、「デフォルトのフォルダ」を指定することもできます。

```
exportFile = tkinter.filedialog.asksaveasfile(filetypes=
[('PNG形式ファイル','*.png'), ('すべてのファイル', '*.*')])
```

第3章　ファイル&フォルダ操作

　「filedialog.asksaveasfileメソッド」を実行すると、Windowsお馴染みの「名前を付けて保存」のダイアログボックスが表示されるので、ここでユーザーは「保存場所」を選択したり、「ファイル名」を入力したりできます。

「名前を付けて保存」ダイアログ

　入力したファイル名は、「filedialog.asksaveasfileメソッド」の戻り値に設定されます。
　もし、キャンセルしたときは「None」となり、そうでなければ「nameプロパティ」に入力されたファイル名が設定されます。

　そこで、次のようにして保存します。

```
if exportFile is not None:
  im.save(exportFile.name)
  print('保存しました')
```

■「ショートカット」を作っておくと便利

このプログラムは、「ショートカット」を作っておくと便利です。

そうしておけば、[PrintScreen] キーや [Alt] + [PrintScreen] キーで画面キャプチャを撮ったあと、そのショートカットをダブルクリックするだけで、好きな場所に画像ファイルとして保存できます。

もう、ファイルとして保存するために、「ペイント」などのソフトを起動する必要もなくなるでしょう。

3-4　「同じ内容のファイル」を見つけて削除

■ 散在した「同じファイル」を見つけたい

バックアップを作るなどの目的で、ファイルをコピーしつつ編集していると、まったく同じ内容のファイルが、別名で残ったりすることがあります。

そのようなファイルは、ディスク容量を圧迫するだけなので、見つけて削除してしまいましょう。

●同じかどうかを、「ハッシュ」で判定

ファイルが同じかどうかを、1つ1つ比較するのは大変です。

そこで、比較には「ハッシュ」を使いましょう。

「ハッシュ」は、データの並びの特徴を示した値です。

その値が同じであるならば、データが同じである確率が相当に高くなります。

■ フォルダに「同じ内容のファイル」があるかを調べる

フォルダに「同じ内容のファイル」があるとき、そのファイルを表示するプログラムを、次に示します。

第3章 ファイル&フォルダ操作

[リスト]findsamefiles.py

```python
import os, sys, glob, hashlib
hashlist = {}
for f in [sys.argv[1] + "¥¥" + f for f in os.listdir(sys.argv[1])]:
  data = open(f, "rb").read()
  h = hashlib.sha256(data).hexdigest()
  if h in hashlist:
    if data == open(hashlist[h], "rb").read():
      print(f + "と" + hashlist[h] + "は合致")
  else:
    hashlist[h] = f
```

　このプログラムは、次のように引数に「フォルダ」を指定することを想定しています。

　指定したフォルダ内に同じファイルがあるときは、そのファイル名を表示します。

```
python findsamefiles.py フォルダ名
```

■「ハッシュ」の計算

　プログラムでは、フォルダに含まれているファイルをループ処理し、その「ハッシュ値」を求めます。

　ここでは、「SHA256」という種類のハッシュを計算しました。

```
data = open(f, "rb").read()
h = hashlib.sha256(data).hexdigest()
```

＊

　この「ハッシュ値」は、「hashlist」という変数に、逐次保存しています。
　このとき、「ファイル名」を値として設定しています。

```
hashlist[h] = f
```

＊

　他に合致するファイルがあるかどうかは、この「ハッシュ」に含まれているかで調べます。

[3-4] 「同じ内容のファイル」を見つけて削除

　もし、含まれているなら、他のファイルと同じ「ハッシュ値」であるということです。

　この場合、ほぼ同じデータのはずですが、「ハッシュが同じでもデータが違う」というケースが、理論的になくもないので(その可能性は、相当低いですが)、念のため、データを比較して合致するかを調べ、本当に合致したら、「同じファイルである」として表示します。

```
if h in hashlist:
  if data == open(hashlist[h], "rb").read():
    print(f + "と" + hashlist[h] + "は合致")
```

　ここではメッセージを表示しているだけですが、この「print」の部分を次のように変更すれば、メッセージを表示するのではなく、削除することもできます。

```
os.remove(f)
```

> **Column** 類似画像を見つける「Perceptualハッシュ」
>
> 　ここでは「完全に合致するファイル」を見つけていますが、ときには「類似画像」を見つけたいことがあるかもしれません。
> 　これは消すのが目的ではなくて、似たような画像を1つのフォルダにまとめたいとか、デジカメで連写したときの画像をまとめたいなどの用途の場合です。
> 　そうしたときは、「Perceptual」という性質のハッシュを使うことができます。
>
> 　このハッシュは、画像や動画、音楽などのデータにおいて、「似ているデータは値が近くなる」ように工夫されたハッシュです。
> 　Pythonでは、「ImageHash」というライブラリ (https://pypi.org/project/ImageHash/) を使うと、簡単に画像の「Perceptualハッシュ」を計算でき、「似たような画像ファイル」を探し出すことができます。

第4章 画像関連

表記を入れる　画像マッチングでボカす　白地図を作る　検索画像の保存

画像周りの操作は、「グラフィック・ソフト」を使った手作業が多く、効率が悪くなりがちです。
この章では、少しでも自動化できるよう、文字を重ねたり、部分的にボカシを入れたりする方法を紹介します。

4-1　写真に重ねて文字を描く

■ 写真に「コピーライト」などの表記を入れる

　ブログなどを運営していると、掲載する写真に文字を重ねたいことがあります。
　たとえば、「サンプルである旨」や「コピーライト表記」を入れたいような場合です。

　もちろん、「GIMP」などの「グラフィック・ソフト」を使って、手作業で文字を入れることもできますが、なかなか面倒です。
　こうした作業は、プログラムでやってしまいましょう。

■ 画像ライブラリ「Pillow」

「Python」で画像を扱うには、「Pillow」というライブラリを使います。

```
https://pypi.python.org/pypi/Pillow/
```

「pipコマンド」を使って、次のようにインストールしてください。

```
pip install pillow
```

※「Pillow」は、「Python2系」で使われている「PIL」（Python Imaging Library）から派生した画像ライブラリで、「Python3系」への対応が図られたものです。

*

また「文字」を描くには、「フォント」が必要です。

好きなフォントでかまいませんが、ここでは、「情報処理推進機構」（IPA）が提供している「IPAexフォント」を使います。

次のサイトから、「明朝体」と「ゴシック体」を入手できます。

```
http://ipafont.ipa.go.jp/
```

■ プログラム

「10行プログラム」は、次のようになります。

【リスト】imageonstring.py

```
1  from PIL import Image, ImageDraw, ImageFont
2  writetext = 'この画像はサンプルです'
3  img = Image.open('example.jpg')
4  imgsize = img.size
5  draw = ImageDraw.Draw(img)
6  font = ImageFont.truetype('ipaexg.ttf', 64);
7  size = font.getsize(writetext)
8  draw.text((imgsize[0] - size[0], imgsize[1] - size[1]),
   writetext, font=font, fill='#FFF')
9  img.save('example02.jpg', 'JPEG', quality=100,
   optimize=True)
```

第4章　画像関連

●利用するオブジェクト

　画像を操作するには、「Pillow」に含まれる「Image」「ImageDraw」「ImageFont」の3つのオブジェクトを使います。

```
from PIL import Image, ImageDraw, ImageFont
```

＊

　ここでは、描く文字を「writetext」変数として定義しました。

```
writetext = 'この画像はサンプルです'
```

●画像を読み込む

　画像を読み込むには、「Image.openメソッド」を使います。
　ここでは「example.jpg」というファイルを読み込んでいます。

```
img = Image.open('example.jpg')
```

＊

　「画像のサイズ」は、「sizeプロパティ」で取得できます。
　「size[0]」が「幅」、「size[1]」が「高さ」です。

```
imgsize = img.size
```

●文字を描く

　「Pillow」を使って描画するには、「ImageDrawオブジェクト」を使います。

```
draw = ImageDraw.Draw(img)
```

＊

　「文字」を描くには、「フォント」を指定した「Fontオブジェクト」が必要です。
　ここでは、「IPAゴシックフォント」(ipaexg.ttf)を選びました。

　指定している「64」は、「サイズ」(単位はピクセル)です。

```
font = ImageFont.truetype('ipaexg.ttf', 64);
```

＊

　そのフォントで、文字列を描画したときの「幅」と「高さ」は、「getsizeメソッ

[4-1] 写真に重ねて文字を描く

ド」で取得できます。
　このサイズぶんを元の画像サイズから引いた位置に描画すれば、右下に文字を描けます。

```
size = font.getsize(writetext)
```

＊

最後に指定している「#FFF」は、「文字色」(白)です。

```
draw.text((imgsize[0] - size[0], imgsize[1] - size[1]),
writetext, font=font, fill='#FFF')
```

＊

「saveメソッド」を使って保存します。
ここでは、「example02.jpg」という名前で保存しています。

```
img.save('example02.jpg', 'JPEG', quality=100, optimize=True)
```

右下に「サンプルである旨」の説明文を入れた写真

■ 繰り返して全面に描いたり、画像ボタンの作成に応用も

　今回の「10行プログラム」は、単純に「ある写真の右下に、文字を重ねて描画する」というだけですが、プログラムを改良すれば、フォルダに含まれている全画像ファイルを対象にすることも容易です。

　また右下ではなく、繰り返して全面に描画するようにもできます。

第4章　画像関連

このような「Pythonで文字を描く」というプログラムは、ほかにも応用できます。

たとえば、アプリ開発をするときには、「進む」「戻る」「保存」などのボタンを画像として作らなければならないことがあります。

そうした場合も、このプログラムを改良すれば、「ボタン画像の作成」が、簡単になるはずです。

4-2　「画像マッチング」してボカシを入れる

■ 画像の一部をボカす

画面キャプチャの一部に、自分の名前やメールアドレスが掲載されていて、そこに「ボカシ」を入れたいことが、しばしばあります。

1つや2つなら、「GIMP」などのソフトを使って修正してもいいのですが、たくさんあると、マウスで範囲選択して「ボカシ」を入れるのは、とても面倒です。

■ 「画像マッチング」した場所にボカシをかける

対象の画像がたくさんあるときは、「ボカシ」をかけるプログラムを作ると、効率良く作業できます。

●「範囲指定」ではなく、「マッチング」で領域を探す

プログラムでこうした処理をする場合、「座標(800,0)から(830,40)の範囲にモザイクをかける」というように、座標で指定するのが一般的なやり方です。

[4-2] 「画像マッチング」してボカシを入れる

しかしそれだと、画像によって「画像サイズ」や「隠したい場所」がバラバラな場合は、対応できません。

そこで検討したいのが、「画像マッチング」で領域を探す方法です。

*

「画像マッチング」は、画像の中から、「検索対象の画像に似ている領域を探す」という手法です。

この方法なら、「画像サイズ」や「修正位置」が変わっても、同じプログラムで対応できます。

また、「検索したい画像」次第で、ボカシをかける部分をカスタマイズできるため、汎用性も増します。

●「OpenCVライブラリ」を利用する

「画像マッチング」を自前で実装するのはとても大変ですが、「OpenCV」を使えば簡単です。

今回の「10行プログラム」は、「Python3.5」と「OpenCV 3.1」で作っています。

*

「OpenCVライブラリ」のインストール方法は、OSによって異なりますが、Windowsの場合は、次のようにすると、比較的手軽にインストールできます。

---

[1] Windows用バイナリをインストール。

非公式ですが、Python用のOpenCVライブラリをビルドしたものが、「http://www.lfd.uci.edu/~gohlke/pythonlibs/」にあります。

ここから適切なバージョンを選んでダウンロードし、インストールします。

```
pip install opencv_python-3.1.0+contrib_opencl-cp35-cp35m-win32.whl
```

[2]「numpy」をインストール。
```
pip install numpy
```

[3]「Visual Studio 2015 の Visual C++ 再頒布可能パッケージ」を以下のURLからダウンロードし、インストール。

```
https://www.microsoft.com/ja-jp/download/details.aspx?id=48145
```

第4章 画像関連

■プログラム

「10行プログラム」は、以下の通りです。

【リスト】matchmoz.py

```python
import cv2
tgt = cv2.imread("target.png", 1)
sz = tgt.shape
moz = cv2.resize(cv2.resize(tgt, (sz[1]//10, sz[0]//10)), (sz[1], sz[0]))
sch = cv2.imread("search.png", 1)
(minv, maxv, minl, maxl) = cv2.minMaxLoc(cv2.matchTemplate(tgt, sch, cv2.TM_CCOEFF_NORMED))
if (maxv > 0.9) :
   (h, w, ch) = sch.shape
   tgt[maxl[1]:maxl[1] + h, maxl[0]: maxl[0] + w] = moz[maxl[1]:maxl[1] + h, maxl[0]: maxl[0] + w]
   cv2.imwrite("result.png", tgt)
```

実際に処理した結果は、次の図のようになります。

「メールアドレス部分」に、ボカシが入っているのが分かると思います。

処理前の画像(プログラムにおける「target.png」に相当)

「検索対象画像」の例(掲載プログラムにおける「search.png」に相当)

[4-2] 「画像マッチング」してボカシを入れる

実行結果

●画像の読み込みとマッチング

「ターゲットの画像」(tgt)と「検索画像」(sch)をあらかじめ読み込んでおき、「matchTemplateメソッド」を呼び出します。

「cv2.TM_CCOEFF_NORMED」は、マッチングのアルゴリズムです。

```
cv2.matchTemplate(tgt, sch, cv2.TM_CCOEFF_NORMED)
```

戻り値は、「マッチした箇所すべて」になります。

ここでは話を簡単にするため、「もっともマッチ率が高い領域」だけを処理しています。

そのためには、「minMaxLocメソッド」を使って、「最もよくマッチした部分」(minv、minl)と「最もよくマッチしなかった部分」(maxv、maxl)を取り出します。

そして「最もよくマッチした部分」について処理します。

「maxv」が、「最もよくマッチした部分のマッチ率」(0~1)を示します。

ここでは、マッチ率が「0.9」より大きいときだけ処理しています。

●ボカシ処理

「maxl[0]」と「maxl[1]」には、「マッチした左上のx座標とy座標」がそれぞれ格納されているので、この部分にボカシをかけます。

```
(minv, maxv, minl, maxl) = cv2. minMaxLoc(cv2.matchTemplate
(tgt, sch, cv2.TM_CCOEFF_NORMED))
```

第4章 画像関連

　ボカシ処理は、単純に「10分の1のサイズの画像を作り、それを10倍に拡大してボカしたもの」に置き換えているだけです。

```
moz = cv2.resize(cv2.resize(tgt, (sz[1]//10, sz[0]//10)),
(sz[1], sz[0]))
```

> ※「ボカシ」ではなく「モザイク」にしたいときは、「interpolation = cv2.cv.CV_INTER_NN」オプションを指定します。

■ いろいろな画像を見つけられる

　「matchTemplateメソッド」では、完全には合致しない「類似した画像」も見つけることができます。
　たとえば、「自分の顔」を検索画像にして、写真が入っているフォルダのすべての画像ファイルにループ処理すれば、「自分が写っている写真を見つけ出す」ということもできます。

4-3 「白地図」を作る

■ 2つの方法で「白地図」を制作

プレゼンテーション資料などを作るとき、「白地図」がほしいことがあります。

そんなときには、プログラムで作ってしまいましょう。

*

今回は、「白地図」を作る2つの方法を紹介します。

どちらもPythonのグラフ描画ライブラリ「matplotlib」を使ったもので、「白地図」の上に「ラベル」を描いたり、「グラフ」を重ねたりすることもできます。

■ 「matplotlib basemap toolkit」で「白地図」を作る

1つ目の方法は、「matplotlib basemap toolkit」というライブラリを使う方法です。

このライブラリを使うと、「世界地図」を描画できます。

http://matplotlib.org/basemap/

たとえば、次の「10行プログラム」を実行すると、「日本の白地図」を表示できます。

【リスト】map01.py

```
1  import matplotlib.pyplot as plot
2  from mpl_toolkits.basemap import Basemap
3  map = Basemap(
4    llcrnrlon=128, urcrnrlon=147,
```

第4章 画像関連

```
5     urcrnrlat=47,llcrnrlat=30,
6     resolution='l')
7   map.drawcoastlines()
8   plot.show()
```

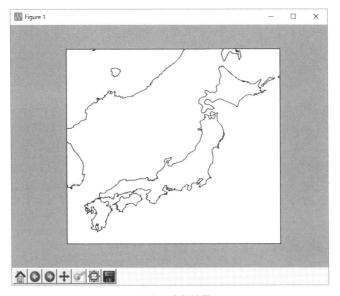

リストの実行結果

「Basemap」で「地図」を描くのは簡単で、
```
map = Basemap(
  llcrnrlon=128, urcrnrlon=147,
  urcrnrlat=47,llcrnrlat=30,
  resolution='l')
```
のように、描画したい範囲の「緯度・経度」の座標を指定するだけです。

最後のオプション「l」は描画する解像度です。
もっと細かくすることもできますが、描画に時間がかかります。

なお、デフォルトでは、「メルカトル図法」で描画されますが、ほかの図法で描画することもできます。
詳細については、「http://matplotlib.org/basemap/users/examples.html」を参照してください。

■「国土地理院のデータ」を使って描画

上記の方法の場合、都道府県の区切りなどがありません。
それらを描画したいときは、「国土地理院」のデータを使います。

以下のURLで、さまざまな「GISデータ」を入手できます。

```
http://nlftp.mlit.go.jp/ksj/
```

たとえば、「行政区域」のデータは、「都道府県」や「市区町村」の区切りを示したデータです。
これをダウンロードして、適当なディレクトリに置いておきます。

*

このデータの描画には、「Cartopy」というライブラリを利用します。

```
http://scitools.org.uk/cartopy/
```

このライブラリを利用して、次の「10行プログラム」を実行すると、「地域データ」が表示されます(表示されるまで、少し時間がかかります)。

【リスト】map02.py

```python
import cartopy.crs as crs
import cartopy.io.shapereader as shapereader
import matplotlib.pyplot as plot
shape = list(
  shapereader.Reader('N03-160101_GML/N03-16_160101.shp').geometries())
p = crs.PlateCarree()
ax = plot.axes(projection=p)
ax.add_geometries(shape, p, edgecolor='black', facecolor='white')
ax.set_extent([128, 147, 47, 30], p)
plot.show()
```

第4章 画像関連

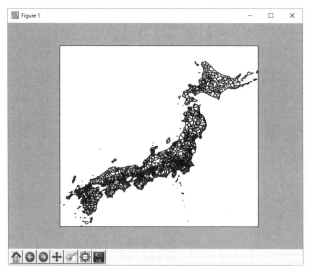

リストの実行結果

今回は、簡単に「白地図」を表示するだけのサンプルとしましたが、こうしたデータは、さまざまな用途に利用できます。

たとえば、「人口の大小で色分けする」など、データを地図上で可視化したい場合などに、便利に使えるはずです。

> **Column** Windowsに各種ライブラリをインストール
>
> Windowsで使いたいときは、以下のアンオフィシャルサイトから、ビルドずみのパッケージをダウンロードしてインストールすると簡単です。
>
> http://www.lfd.uci.edu/~gohlke/pythonlibs/
>
> ①「Basemap」を使う
> 上記サイトから「Basemap」をダウンロードしてインストールします。
> インストールすべきファイルは、PythonのバージョンとOSが「32ビット」か「64ビット」かによって違います。
>
> ```
> pip install basemap-1.0.8-cp35-none-win32.whl
> ```

②「Cartopy」を使う

上記サイトから「Scipy」「Shapely」「Cartopy」「NumPy(+MKL)」をダウンロードしてインストールします。

インストールすべきファイルは、PythonのバージョンとOSが「32ビット」か「64ビット」かによって違います。

```
pip install scipy-0.18.1-cp35-cp35m-win32.whl
pip install Shapely-1.5.17-cp35-cp35m-win32.whl
pip install Cartopy-0.14.0-cp35-cp35m-win32.whl
pip install numpy-1.11.3+mkl-cp35-cp35m-win32.whl
```

4-4 検索した画像を、まとめて保存

■ 画像検索の結果をダウンロード

「Google」や「Bing」などの検索エンジンには、「画像検索」の機能があります。

しかし、見つかった画像を保存したいとき、1つ1つ右クリック操作するのは面倒です。

このようなときは、保存作業を自動化するプログラムを作るといいでしょう。

そこで、Googleが提供する「Custom Search API」を使って画像を検索し、見つかった画像をダウンロードするプログラムを作ります。

■ 「Custom Search API」を使うための準備

「Custom Search API」は、Googleのカスタム検索を使うための仕組みです。自サイトの「サイト内検索」を使うときに使うのが一般的ですが、検索対象

第4章 画像関連

を「追加したサイトを重視して、Web全体を検索する」に設定することで、インターネット全体からキーワードに合致するページを見付けるのに使えます。

「Customer Search API」を使うには、「Google Developer Console」から「カスタム検索エンジンの作成」と「Custom Search APIの有効化」の操作を行ない、「検索エンジンID」と「API Key」の2つの情報を、事前に取得しておきます。

> ※「Custom Search API」は1日当たり、100クエリ(100回の検索の実行)までは無料で使えます。それ以上、使いたいときは有料プランへの加入が必要です。

●「カスタム検索エンジン」の作成

まずは、Googleのカスタム検索エンジンのサイト(https://cse.google.com/cse/)を開き、「カスタム検索エンジン」を作ります。

「カスタム検索エンジン」を作ったら、次の操作をしておきます。

「画像検索」の有効化と、「検索エンジンID」の確認

---

①「画像検索」を有効にする

「画像検索」の部分をオンにして、有効にします。

②Web全体を検索

「検索するサイト」の設定を、「追加したサイトを重視して、Web全体を検索する」に変更します。

③「検索エンジンID」の確認

「検索エンジンID」をクリックして確認します。
この値は、「Developer Key」や「開発者キー」とも呼ばれるものです。

●「Customer Search API」の有効化

「Customer Search API」を利用するため、「Google Developer Console」にログインし、「APIライブラリ」(https://console.developers.google.com/apis/library)から「Customer Search API」を検索して、有効化します。

「Customer Search API」を有効化する

そして認証情報を作り、「API Key」を取得します。

「API Key」を取得する

第4章　画像関連

「Customer Search API」は、「Web API」なので、いくつかの実行方法があります。

今回は、Googleから提供されている「CustomSearch API Client Library for Python」というライブラリを使います。

> https://developers.google.com/api-client-library/python/apis/customsearch/v1

「pipコマンド」でインストールしてください。

```
pip install google-api-python-client
```

■ プログラム

「10行プログラム」は、以下の通りです。

【リスト】searchimage.py

```
1  import os.path, urllib.request
2  from googleapiclient.discovery import build
3  service = build('customsearch', 'v1', developerKey='APIキー')
4  res = service.cse().list(
5      cx = '検索エンジンID', searchType='image', num = 10,
6      q='月刊I/O'
7  ).execute()
8  for i in res['items']:
9      print("downloading ... " + i['link'])
10     urllib.request.urlretrieve(i['link'], os.path.basename(i['link']))
```

プログラムを実行すると、「月刊I/O」を10件ぶん画像検索し、見付かった画像がダウンロードして、実行したフォルダに保存します。

●検索

「Customer Search API」の「listメソッド」を実行します。

「cx」は、「検索エンジンID」です。

画像検索なので、「searchType」を「image」に設定します。

「num」は検索件数、「q」は検索語句です。

[4-4] 検索した画像を、まとめて保存

```
res = service.cse().list(
  cx = '検索エンジンID', searchType='image', num = 10,
  q='月刊I/O'
).execute()
```

●画像のダウンロードと保存

　検索結果は、①の戻り値の「items要素」に、リストとして格納されています。

　それぞれのリストの「link要素」が、画像のURLです。

　そこで、「urllib.request.urlretrieveメソッド」を実行して、ダウンロードして保存します。

```
urllib.request.urlretrieve(
  i['link'],
  os.path.basename(i['link']))
```

※ファイル名は、簡易のためもともとのファイル名としていますが、同名があると上書きされますし、セキュリティ上、問題があるファイル名となる可能性もあるので、できれば、「1.jpg」「2.jpg」…のような連番などで名前を付け直して保存したほうがいいでしょう。

第5章

作業の自動化

インストール　マウス・ボタンの連打　画面キャプチャ　プログラムの実行

> 毎日、何か操作するたびに、たくさんのボタンを操作したりマウスを動かしたりするのは面倒です。この章では、「マウス」や「キーボード」の操作を自動化し、プログラムを実行するだけで、いつもの作業をまとめて実行する方法を紹介します。

5-1　インストールの自動化

■「次へ」ボタンを自動でクリック

　パソコンを使っていて、不満に感じるのが、「ウィザード形式のインストーラ」です。

　画面に表示される「次へ」ボタンを、ひたすら押していくだけの単純作業。また、ダウンロードやコピーが終わるまでの待ち時間もあります。

　自分のパソコンだけにインストールするなら仕方ありませんが、たくさんのパソコンに同じようにインストールするのは、うんざりです。

　そこで、「次へ」ボタンを自動的にクリックしていく仕組みを作っていきましょう。

●「PyAutoGUI」で操作の自動化を実現

　自動化のために、「操作を自動化する」ためのライブラリ、「PyAutoGUI」を利用します。

```
https://pyautogui.readthedocs.io/
```

　「pipコマンド」を使って、次のようにインストールします。

```
pip install PyAutoGUI
```

■「次へ」ボタンを自動でクリック

　「PyAutoGUI」を使うと、マウスやキーボード操作を自動化できます。

●マウスを移動してクリック

　たとえば、次のようにするとマウスポインタを「X=100、Y=100」の位置に移動して、クリックできます。

```
import pyautogui
pyautogui.moveTo(100, 100)
pyautogui.click()
```

　なお、「moveTo」と「click」は一緒にして、

```
pyautogui.click(100, 100)
```

とも書けます。

●「マウスの座標」を調べる

　「次へ」ボタンの座標さえ分かれば、これらのメソッドを使って、自動クリックできます。

　「次へ」ボタンの座標を知るには、たとえば、次のプログラムを作って実行します。

第5章　作業の自動化

```
import pyautogui
before = []
while True:
  now = pyautogui.position()
  if before != now:
    print(pyautogui.position())
  before=now
```

　すると、画面にマウスの座標が表示されていきます。
　実際に「次へ」ボタンのところにマウスポインタを動かせば、その座標が分かります。

■「画像マッチング」を使ってボタンの場所を調べる

　座標を使った方法だと、いちいち座標を調べないといけないですし、インストーラが起動する場所が変わると、その都度、調整する必要が出てきます。

　この問題を解決するには、「画像マッチング機能」を使います。

●「ボタンの画像」の用意

　実際に作ったものが、以下の「10行プログラム」です。

【リスト】nextclick.py

```
1  import subprocess,pyautogui,time
2  subprocess.Popen("setup.msi", shell=True)
3  while True:
4    nextbtn = pyautogui.locateCenterOnScreen('next.png')
5    if nextbtn is not None:
6      print("find")
7      pyautogui.click(nextbtn)
8    time.sleep(1)
```

　アプリケーションにもよりますが、インストーラの多くには、次の図のように、「Next」や「次へ」というボタンがあります。

[5-1] インストールの自動化

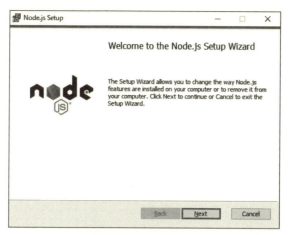

インストーラの画面の例(Node.jsのインストール画面)

　ここから、クリックしたい「Next」の部分を画面キャプチャして、「next.png」などのファイルとして保存しておきます。

クリックしたいボタンを切り出した画像

　ボタンはアクティブ(マウスポインタが当たる)になると、「色」や「枠の太さ」が変わったりします。
　そうするとマッチしないので、それを配慮してキャプチャしましょう。

●「画像マッチング」でクリック

　「locateCenterOnScreenメソッド」を使うと、画像とマッチした座標を探せます。

```
nextbtn = pyautogui.locateCenterOnScreen('next.png')
```
＊
　見つかったときは、その位置をクリックします。
　これで、「Next」のボタンがクリックされたことになります。

```
pyautogui.click(nextbtn)
```

第5章　作業の自動化

●インストール完了の判定

　「10行プログラム」では、その後の処理は省略しており、ひたすら画面に「Next」の画像が表示されたら、次々とクリックしていくだけです。

　そのため、実際には「インストールが完了したこと」の判定が必要です。

＊

　完了の判定には、いくつかの方法があります。

　たとえば、

・インストール完了の画面をキャプチャしておき、それと合致したときに終了。
・ボタンを規定の回数だけクリックしたら終了。
・実際にフォルダにファイルがコピーされたことを確認。

などの方法が採れます。

　また、インストーラによっては、途中で「Next」ではなく、「Install」などのボタンが登場することもあります。

　そのような場合は、それらの画像も用意してマッチする必要があります。

＊

　ここではインストーラを例にとりましたが、画像をマッチしてのクリックは、たとえば、「ゲーム操作を自動化する」などにも応用できるでしょう。

5-2 「マウス・ボタン」を連打する

■ プログラムで「マウス連打」

「アプリケーション」や「ゲーム」を操作していると、「次へ」ボタンが表示されなくなるまで「マウス・ボタン」をクリックし続けたいことがあります。

そこで、「マウス連打」を実現するプログラムを作ってみます。

●マウス操作のライブラリ

キーボードやマウス操作をするライブラリは、いくつかありますが、今回は、「pynput」というライブラリを使います。

「キー入力」や「マウスを動かす」「クリックする」などのほか、その操作をしたときの「イベント」を処理することもできます。

＊

まずは、「pipコマンド」で「pynput」をインストールしてください。

```
pip install pynput
```

■ まずは連打の基本から

連打の基本は、①クリックする、②しばらく待つ——という操作を繰り返すことです。

「pynput」ライブラリでは、「mouseモジュール」の「Controllerオブジェク

第5章　作業の自動化

ト」の「clickメソッド」を実行すると、「マウス・ボタン」をクリックできます。

＊

「左ボタンをクリック」するには、次のようにします。

```
Controller().click(Button.left)
```

＊

「しばらく待つ」には、「timeモジュール」の「sleepメソッド」を使います。

たとえば「0.1秒ごとに、ずっと左ボタンを連打し続けるプログラム」は、次のようになります。

```
while True:
  Controller().click(Button.left)
  time.sleep(0.1)
```

＊

実際にプログラムとして作るときは、この処理を「スレッド処理」にして、裏で実行されるようにします。

そうしたものが、次の「10行プログラム」です。

【リスト】autoclick.py

```
1  from pynput.mouse import Button, Controller
2  import threading, time
3  def mouseclick(e):
4    while not e.isSet():
5      Controller().click(Button.left)
6      time.sleep(0.1)
7  e = threading.Event()
8  threading.Thread(target=mouseclick, args=(e,)).start()
9  input()
10 e.set()
```

プログラムを実行すると、連打が始まります。

そして、[Enter]キーを押すと連打が止まり、プログラムが終了します。

＊

上記の「10行プログラム」では、スレッドを使った連打の処理を、次のように実装しています。

[5-2] 「マウス・ボタン」を連打する

```
while not e.isSet():
  Controller().click(Button.left)
  time.sleep(0.1)
```

＊

「e」はスレッド間通信に、よく使われる「Eventオブジェクト」です。

「while」で指定している条件は、「not e.isSet()」であり、「Eventオブジェクト」が「isSetではない」(設定されていない)間、繰り返すというものです。

一方で、メインのプログラムでは、

```
e = threading.Event()
threading.Thread(target=mouseclick, args=(e,)).start()
input()
e.set()
```

のように、スレッドを開始したあと、「input関数」で1行入力させて、入力したら「e.setメソッド」を実行しています。

「e.setメソッド」を実行すると、スレッドの「while」で判定している「e.isSet()」が「True」になるので、スレッドが終了します。

■ キーボードで操作する、少し実用的な連打

上のプログラムでは、実行時に連打が始まってしまうので、とても使いにくいです。

使い勝手を良くするには、適当な「ファンクションキー」([F1]〜[F12]キー)を押すと連打が有効になり、もう一度押すと解除されるような動作がいいでしょう。

それが、次のプログラムです(さすがに、これは10行では書けませんでした)。

【リスト】autoclick2.py

```
1  from pynput.mouse import Button, Controller
2  from pynput.keyboard import Key, Listener
3  import threading, time
4  def mouseclick(e):
```

第5章　作業の自動化

```python
 5    while True:
 6      while e.isSet():
 7        Controller().click(Button.left)
 8      time.sleep(0.1)
 9
10  e = threading.Event()
11  t = threading.Thread(target=mouseclick, args=(e,))
12  t.setDaemon(True)
13  t.start()
14
15  def on_press(key):
16    global e
17    if key == Key.f2:
18      if e.isSet():
19        e.clear()
20      else:
21        e.set()
22    if key == Key.esc:
23      return False
24
25  with Listener(
26    on_press=on_press) as listener:
27    listener.join()
```

＊

「pynputライブラリ」では、キーボードが押されたかどうかをイベント処理で取得できます。

次のようにすると、「キーボードを押すと、on_press関数を実行する」ようになります。

```
with Listener(
  on_press=on_press) as listener:
  listener.join()
```

「on_press関数」では、[F2]キーが押されたかどうかを調べ、押されるたびに、連打を「有効にする」か「無効にする」かを切り替えるようにしています。

また、[ESC]キーが押されたときには、このプログラムが終了するようにしました。

5-3 Webサイトの「画面キャプチャ」を撮る

■テキストファイルを読み込んで、キャプチャする

Webサイトの「画面キャプチャ」を撮りたいときは、「画面キャプチャを撮るソフト」——たとえば、「FireShot」(https://getfireshot.com/)などを使えば簡単でしょう。

しかし、Webサイトが複数になると、1つ1つ手作業で操作するのは大変です。

そこで、次のような「1行に1つのURL」が記載されたテキストファイルを読み込んで、先頭から「000.PNG」「001.PNG」…のように、「連続してキャプチャするプログラム」を作ってみます。

「キャプチャしたいサイト」のテキストファイル(websites.txt)

```
http://www.kohgakusha.co.jp/
http://www.yahoo.co.jp/
http://www.google.co.jp/
```

●「Selenium」でキャプチャ

「Web画面をキャプチャする方法」はいくつかありますが、ここでは「Selenium」(http://www.seleniumhq.org/)を使います。

「Selenium」は、Web操作を自動化するソフトです。
Webブラウザ側に「WebDriver」というソフトをインストールすることで、「プログラムからWebブラウザを操作できる」ようになります。
「Webアプリの動作テスト」を自動化するときなどに、よく使われています。

第5章 作業の自動化

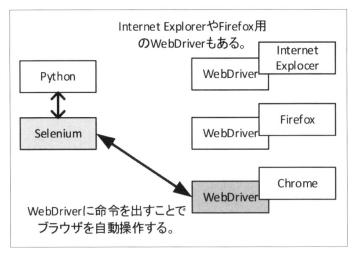

「Selenium」と「WebDriver」の関係

● 「Selenium」「WebDriver」の準備

準備の方法は、OSや利用するブラウザによって違いますが、今回は、「Chrome」を使って操作するものとします。

その場合、次のようにして環境を準備します。

[1]「pipコマンド」を使って「Selenium」をインストールします。

```
pip install selenium
```

[2] 以下のサイトから、「ChromeDriver」をダウンロードします。

```
https://sites.google.com/a/chromium.org/chromedriver/downloads
```

「Mac版」「Linux版」「Windows版」があるので、ここでは「Windows版」をダウンロードします。

「ZIP形式ファイル」には、「chromedriver.exe」という実行形式ファイルが含まれます。
この実行形式を作るプログラム(後述の「10行プログラム」)が置いてある場

[5-3] Webサイトの「画面キャプチャ」を撮る

所と、同じところに置きます。

> ※正確には、PATHが通っている場所に配置しておけば、Pythonプログラムと同じ場所でなくてもかまいません。

■ プログラム

以下の「10行プログラム」は、冒頭のリストに示したテキストファイル(仮に「websites.txt」としています)を読み込み、「画面キャプチャ」するものです。

【リスト】webcapture.py

```python
import time, selenium.webdriver
driver = selenium.webdriver.Chrome()
driver.set_window_size(1024, 768)
filename = 0
for url in open('websites.txt'):
    driver.get(url)
    time.sleep(5)
    driver.save_screenshot("%03d.png" % (filename))
    filename += 1
driver.quit()
```

実行すると自動的に「Chrome」が起動し、それぞれのWebサイトの「画面キャプチャ」が保存されていきます。

●「Chrome」の起動

まずは、「Selenium」を起動して、「Chrome」を起動します。
それには、次のようにします。

```
driver = selenium.webdriver.Chrome()
```

> ※このとき、パスが通った場所に、ダウンロードしておいた「ChromeWebDriver」(chromedriver.exe)を置いていないと、エラーになるので注意してください。

*

「Chrome」が起動したら、ウィンドウサイズを設定します。
ここでは仮に「1024×768」にしました。

第5章　作業の自動化

```
driver.set_window_size(1024, 768)
```

●画面キャプチャ

「画面キャプチャ」するには、まず「URL」を読み込みます。
すると、「Chrome」で実際にそのURLが開かれます。

```
driver.get(url)
```

＊

開いたら、描画が終わるまで少し待ちます。
ここでは、「5秒」待つことにしました。

```
time.sleep(5)
```

＊

「画面キャプチャ」を撮るには、「screenshotメソッド」を呼び出します。

```
driver.save_screenshot("%03d.png" % (filename))
```

＊

すべての処理が終わったら、「quitメソッド」を呼び出します。
すると、Chromeが終了します。

```
driver.quit()
```

＊

「Selenium」では、フォームに文字入力して別のページに遷移することもできます。
そのため、「いつも手作業で操作しているWebブラウザ処理を自動化したい」という場面に、幅広く使えます。

5-4 自動的にプログラムを実行

■ GUIの操作を省略する

Windowsのアプリケーションは「GUI」、つまり、ウィンドウ操作したりマウスで何か操作したりするのが基本です。

しかし、そうではなく、コマンドを実行したら自動的にアプリケーションが起動して、勝手に文字入力できたりすると、とても便利です。

「Windows Application Driver」を使うと、それが実現できます。

●Windowsの自動化を実現する「Windows Application Driver」

最近は、「RPA」(Robotic Process Automation)という仕組みが話題です。
簡単に言えば、「ロボットを使って業務を自動化していこう」という試みです。

マイクロソフト社でも、Windows用の「Windows Application Driver」というドライバを提供しています。
このドライバを使うと、さまざまなプログラムからWindowsを操作して、自動化できるようになります。

マイクロソフト社の製品なので、「Visual Studio」などから操作する資料が充実していますが、「Python」からでも使えます。
Pythonから使う場合は、「Appiumライブラリ」を使って操作します。

このライブラリは、**5-3節(Webサイトの画面キャプチャを撮る)** で使った「Selenium」と同じ方法で、操作を制御します。
つまり、Webブラウザを操作するのと似た方法で、Windowsのすべてのアプリケーションを操作できるドライバです。

第5章　作業の自動化

■「Windows Application Driver」を使う前の注意

「Windows Application Driver」は、とても便利な機能ですが、セキュリティの問題が生じるので注意してください。

というのは、「Windows Application Driver」を通じて、さまざまなアプリケーションが、自分のパソコンをリモートで操作できるからです。

また、デフォルトでは「ファイアウォール」の設定によって無効化されていますが、有効にすれば、リモートから(他のパソコンから)の操作も可能になるので注意してください。

■「Windows Application Driver」のインストール

まずは、「Windows Application Driver」をインストールします。

このドライバは、次の「GitHub」のサイトからダウンロードできます。
いくつかのソフトがありますが、「WindowsApplicationDriver.msi」というファイルをダウンロードし、インストールしてください。

＜WinAppDriver＞
https://github.com/Microsoft/WinAppDriver/releases/

■「開発者モード」を有効にする

「Windows Application Driver」は、「開発者モード」を有効にしたときしか機能しません。

次の手順で、「開発者モード」を有効にしてください。

[1]「スタート」メニューから「設定」(歯車のアイコン)をクリックして、設定画面を開く。

[2]「更新とセキュリティ」をクリック。

[3]次のような画面が表示されるので、「開発者向け」のタブをクリックして、

[5-4] 自動的にプログラムを実行

「開発者モード」を選択。

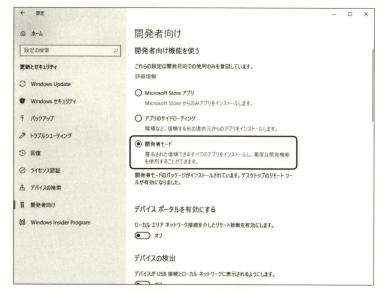

「開発者モード」に切り替える

これで、「Windows Application Driver」が使えるようになります。

■「Appium ライブラリ」のインストール

次に、Pythonから操作するために使う「Appium ライブラリ」をインストールします。

「pipコマンド」を使って、次のようにします。

```
pip install robotframework-appiumlibrary
```

第5章 作業の自動化

●アプリを自動で起動

「Windows Application Driver」を使えば、コマンドを送り込むことで、さまざまな操作ができるのですが、ここでは分かりやすく、

①「メモ帳」(Notepad.exe) を起動して、
②そこに、「現在の日時」を自動的に書き込んで、
③「保存」する

というところまでを自動化してみます。

■プログラム

「10行プログラム」は、次のようになります。

【リスト】runnotepad.exe

```
1  from appium import webdriver
2  import datetime, selenium.webdriver.common.keys
3  caps = {}
4  caps["app"] = "notepad.exe"
5  driver = webdriver.Remote(
6    command_executor='http://127.0.0.1:4723', desired_capabilities= caps)
7  p = driver.find_element_by_class_name('Notepad')
8  p.send_keys(str(datetime.datetime.now()))
9  p.find_element_by_accessibility_id('MenuBar').send_keys(selenium.webdriver.common.keys.Keys.ALT + "F")
10 p.find_element_by_accessibility_id('MenuBar').send_keys(selenium.webdriver.common.keys.Keys.CONTROL + "S")
```

■実行する

上記のプログラムを実行するには、「WinAppDriver.exe」が実行されていなければなりません。

管理者として「コマンドプロンプト」(cmd.exe) を起動し、次の文を実行して起動してください。

これで、「WinAppDriver」が起動し、「待ち受け状態」になります。

[5-4] 自動的にプログラムを実行

```
C:\Program Files (x86)\Windows Application Driver\WinAppDriver.exe
```

　このように「待ち受け状態」にしたら、次のようにしてPythonのプログラムを実行してください。
　「メモ帳」(Notepad.exe) が起動し、「現在の日時」が入力され、そのあと、「保存」のダイアログが表示されるというところまで、自動的に動くことが分かると思います。

```
python runnotepad.exe
```

「メモ帳」が起動した

　また、待ち受けしているとき、「WinAppDriver」の画面には、次のように接続された旨のメッセージが表示されます。
　もし、何か通信時の問題があれば、この画面で確認できます。

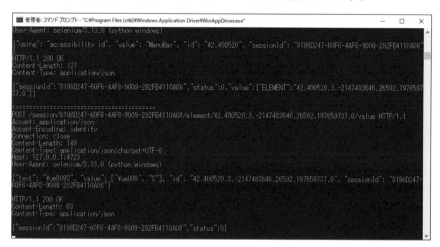

「WinAppDriver」の画面

第5章　作業の自動化

■ プログラム名を指定して起動

「WinAppDriver.exe」を実行すると、特定の「TCPポート」(デフォルトはTCPの「4723」)で待ち受け状態になり、そこでコマンドを受け付けます。

Pythonのプログラムでは、このポートに接続して、各種コマンドを流して自動操作するという流れになります。

＊

まずは、実行したいプログラムを指定して、接続します。

```
caps = {}
caps["app"] = "notepad.exe"
driver = webdriver.Remote(
  command_executor='http://127.0.0.1:4723', desired_capabilities= caps)
```

ここでは、「notepad.exe」を起動しています。
これは「メモ帳」の本体のプログラムであるため、「メモ帳」が起動します。

＊

次に、起動したメモ帳を探し、そこにキー入力します。
探すには、「driver.find_element_by_class_nameメソッド」を使います。
メソッドの引数に指定している「Notepad」は、そのウィンドウを構成するクラス名です。
(クラス名は、「Windows SDK」に含まれる「inspect.exe」を使ったり、「WinAppDriver UI Recorder」を使ったりすることで調べられます)。

キー入力には、「send_keysメソッド」を指定します。
ここでは、「現在の日時」を自動入力するようにしました。

```
p = driver.find_element_by_class_name('Notepad')
p.send_keys(str(datetime.datetime.now()))
```

＊

そしてサンプルでは、続けて「ファイルの保存処理」をしています。
これは、[ALT]＋[F]キーでファイルメニューを開き、[S]キーで保存を選ぶという操作をしているだけです。

```
p.find_element_by_accessibility_id('MenuBar').send_keys
(selenium.webdriver.common.keys.Keys.ALT + "F")
p.find_element_by_accessibility_id('MenuBar').send_keys
(selenium.webdriver.common.keys.Keys.CONTROL + "S")
```

＊

　このサンプルでは、ここまでですが、さらに「send_keysメソッド」を使って、「保存するファイル名の入力」までを自動化することもできます。

■ 自動化は気分がいいけれど、セキュリティには注意

　実際に実行すると分かりますが、自動的にアプリが起動して、そこに文字が自動入力されていくさまは、見ていて爽快です。
　ただ、セキュリティには充分に注意してください。

　これまでの手順では、「WinAppDriver」を起動しましたが、このとき「TCPの待ち受け」が発生します。

　デフォルトでは「ファイアウォール」に守られており、他のコンピュータからの接続はできませんが、もし「ファイアウォール」の設定を変更すれば、他のコンピュータからも操作できます。
　こうした他のコンピュータから操作できる仕組みは、多数のコンピュータを自動制御したい場面ではとても便利ですが、セキュリティの問題が残ります。

　より安全に利用するため、「ファイアウォール」の構成を変更して他のコンピュータから使わせないようにしてください。
　そして、使っていないときは、「WinAppDriver」を終了させておくという運用をすることが望ましいです。

第6章

マルチメディア処理

音声合成　　動画と静止画の再生　　サムネイルを作る

プログラムでは「音声」や「動画」を扱うこともできます。
この章では、「音声合成」で喋らせたり、動画の「再生」
や「サムネイル制作」の方法を紹介します。

6-1　音声で喋らせる

■ 喋るためのライブラリ

　メッセージを喋らせるには、「音声合成」のライブラリを使います。
　ライブラリはいくつかありますが、今回は、アクエスト社の「AquesTalk2 Win」を使います。

＊

　同社の「AquesTalkシリーズ」は、ファイルサイズが小さいのが特徴の「音声合成ライブラリ」です。

　この「音声合成ライブラリ」は、さまざまなところで使われています。
　パソコンの世界では「棒読みちゃん」というソフトの音声として、電子工作の世界では「AquesTalk pico という音声合成LSI」として知られています。

[6-1] 音声で喋らせる

●「AquesTalk2 Win」をダウンロード

ここでは、「AquesTalk2 Win評価版」を使います。
以下のURLからダウンロードしてください。

```
http://www.a-quest.com/download/index.html
```

※「AquestTalkシリーズ」は、個人で営利を目的としない場合には無償で利用できます。

■ プログラム

「AquesTalk2」を使って喋らせる「10行プログラム」は、次のようになります。

【リスト】list01.py

```
1  import ctypes
2  import os
3  dll = ctypes.windll.LoadLibrary(os.path.dirname(__file__) +
   "¥¥AquesTalk2Da.dll")
4  playsync = dll.AquesTalk2Da_PlaySync
5  playsync("こんにちわ".encode("sjis"), 100, 0)
```

リストを実行する際は、評価版に含まれる「DLLファイル」を、リストと同じディレクトリに配置してください。

実行すると、「こんにちは」という音声が流れるはずです。

*

「AquesTalk2」を使って喋らせるのは簡単です。

ライブラリは「dll形式」なので、「ctypesライブラリ」を使って、「AquesTalk2Da.dll」というDLLファイル（これはダウンロードした評価版に含まれています）を読み込みます。

```
dll = ctypes.windll.LoadLibrary(os.path.dirname(__file__) +
"¥¥AquesTalk2Da.dll")
```

*

そして、DLLファイル内で定義されている「AquesTalk2Da_PlaySync」という関数を実行します。

第6章　マルチメディア処理

```
playsync = dll.AquesTalk2Da_PlaySync
playsync("こんにちわ".encode("sjis"), 100, 0)
```

「playsync関数」に渡す、喋らせたいメッセージは、「シフトJIS」でなければならないため、「encodeメソッド」で変換しています。

引数として指定している「100」は「発生速度」、「0」は「データの先頭アドレス」(通常は「0」を指定)です。

■「漢字」が混じったメッセージも喋らせたい

できることなら、「ひらがな」だけでなく、「漢字」が混じったメッセージも喋らせたいところです。

そうすれば、「ニュース」や「Twitter」などの読み上げもできるようになります。

●「漢字」を「ひらがな」に変換

「漢字」を「ひらがな」に変換するには、「MeCab」(http://taku910.github.io/mecab/)や「Kakasi」(http://kakasi.namazu.org/)を使うなど、いくつか方法があります。

今回は、Windows環境に簡単な手順でインストールできる「Kakasi」を利用してみましょう。

＊

次のように「pipコマンド」を実行すると、「Kakasi」のPythonライブラリである、「pykakasi」をインストールできます。

```
pip install pykakasi
```

＊

では、「pykakasi」を使って、「漢字が混じった文章」を喋らせてみましょう。「10行プログラム」は、次のようになります。

[6-1] 音声で喋らせる

【リスト】voice.py

```
1  import ctypes, os, pykakasi
2  kakasi = pykakasi.kakasi()
3  kakasi.setMode('K', 'H')
4  kakasi.setMode('J', 'H')
5  conv = kakasi.getConverter()
6  voicemsg = conv.do("本日は晴天なり。")
7  dll = ctypes.windll.LoadLibrary(os.path.dirname(__file__) +
   "¥¥AquesTalk2Da.dll")
8  playsync = dll.AquesTalk2Da_PlaySync
9  playsync(voicemsg.encode("sjis"), 100, 0)
```

*

「pykakasi」を使って、「ひらがな」に変換するには、まず「kakasiオブジェクト」を作ります。

```
kakasi = pykakasi.kakasi()
```

*

そして「setModeメソッド」を実行して、変換方法を指定します。
「K」は「カタカナ」、「J」は「日本語」、「H」は「ひらがな」という意味です。

すなわち、
```
kakasi.setMode('K', 'H')
kakasi.setMode('J', 'H')
```
は、それぞれ「カタカナ→ひらがな」「漢字→ひらがな」を意味します。

*

最後に、「getConverterメソッド」で「コンバータ・オブジェクト」を取得し、「doメソッド」を実行することで変換します。

```
conv = kakasi.getConverter()
voicemsg = conv.do("本日は晴天なり。")
```

●「英数字」は発音できない

このプログラムは、「英数字の発音ができない」という欠点があります。

たとえば、「月刊I/O」を「kakasi」で変換すると「げっかんI/O」になりますが、これをさらに「げっかんあいおー」に変換しないと発声できないのです。

第6章　マルチメディア処理

「数字」についても同様です。
ですから、こうした「英数字」については、さらに置換するなど、別の方法で「ひらがな」に変換しなければなりません。

6-2　「Chromecast」でパソコンの動画を再生

■ Pythonで「Chromecast」をコントロール

「Chromecast」は、ご存じのように、動画や音声などをテレビ出力できる小さなデバイスです。

スマホから操作するのが一般的ですが、ライブラリを使うとPythonからもコントロールできます。

「Chromecast」は、「URL」を指定して、そのURLで配信される動画や静止画を再生するのが基本動作です。

今回は、自分のパソコンにWebサーバを立ち上げることで、パソコンに保存されている動画を再生するプログラムを作ります。

●「pychromecast」をインストール

「Chromecast」を操作するには、「pychromecastライブラリ」を使います。
「pipコマンド」でインストールしてください。

```
pip install pychromecast
```

■プログラム

具体的な使い方は、「GitHub」の以下のページにドキュメントがあります。
これを参考にして、プログラムを作りましょう。

```
https://github.com/balloob/pychromecast
```

「10行プログラム」は、以下のようになります。

【リスト】ccast.py

```python
1  import pychromecast, http.server, socketserver
2  # Chromecastでローカルに接続する
3  casts = pychromecast.get_chromecasts()
4  cast = next(cc for cc in casts if cc.device.friendly_name
   == 'Chromecast1234')
5  cast.wait()
6  cast.media_controller.play_
   media('http://192.168.11.5:8000/example.mp4', 'video/
   mp4')
7  # ローカルサーバを立てる
8  Handler = http.server.SimpleHTTPRequestHandler
9  with socketserver.TCPServer(('', 8000), Handler) as
   httpd:
10     httpd.serve_forever()
```

●「Chromecast」を探して接続

まずは、「Chromecast」を探して接続します。
「get_chromecastsメソッド」を呼び出すと、近隣の「Chromecast」一覧がオブジェクトのリストとして取得できます。
その中から、目的の「Chromecast名」のものを探します。

ここでは「Chromecast1234」としていますが、実際に使っている「Chromecast」名に合わせてください。

＊

接続できたら「waitメソッド」を実行して、完了まで待ちます。

第6章　マルチメディア処理

```
casts = pychromecast.get_chromecasts()
cast = next(cc for cc in casts if cc.device.friendly_name ==
'Chromecast4342')
cast.wait()
```

●再生する

　再生するには、「media_controllerオブジェクト」の「play_mediaメソッド」を呼び出します。

　引数には、「URL」と「コンテンツタイプ」を指定します。

```
cast.media_controller.play_media('http://example.com/example.
mp4', 'video/mp4')
```

　この例では「MP4」を指定していますが、「JPEG」などの静止画を再生することも可能です。

　また、ここでは紹介しませんが、「media_controllerオブジェクト」では、「一時停止」や「早戻し」などの操作もできます。

■ 自分のパソコンの動画を再生

　このように「Chromecast」は、URLを指定してコンテンツを再生します。

＊

　では、自分のパソコンに保存されているコンテンツを再生することはできないのでしょうか。

　その答として、「自分のパソコンにWebサーバを立ち上げる」という方法があります。

●自分のパソコンに「Webサーバ」を立てる

　自分のパソコンに「Webサーバ」を立てるには、「http.server.SimpleHTTPRequestHandler」を使います。

　たとえば次のようにすると、「カレント・ディレクトリ」を「ルート・ディレクトリ」にした「Webサーバ」が、「ポート8000」で実行されます。

[6-2] 「Chromecast」でパソコンの動画を再生

```
Handler = http.server.SimpleHTTPRequestHandler
with socketserver.TCPServer(("", 8000), Handler) as httpd:
    httpd.serve_forever()
```

*

　仮に、プログラムを実行するパソコンのIPアドレスが「192.168.11.5」だとします。

　このとき、「カレント・ディレクトリ」に「example.mp4」という動画ファイルを置けば、そのファイルは、

http://192.168.11.5:8000/example.mp4

というURLでアクセスできます。

　そこで、「Chromecast」で再生するURLとして、このURLを、

```
cast.media_controller.play_media('http://192.168.11.5:8000/
example.mp4', 'video/mp4')
```

のように渡せば、「Chromecast」で、自分のパソコンに保存されている動画を再生できます。

■「フォトフレーム」や「デジタルサイネージ」に活用

　この「10行プログラム」は、動画を1本再生するだけですが、静止画を連続再生すれば、「フォトフレーム」や「デジタルサイネージ」などとしても利用できるはずです。

　Pythonでプログラミングしているので、「ImageMagick」などで動的に表示したいコンテンツを作って、それを表示する——たとえば、イベント会場の大きな液晶テレビに、明日の天気や、今の来場者数などを表示する、といったこともできるでしょう。

6-3 「動画のサムネイル」を作る

■ 動画の管理を効率的に

動画を管理したり、Webサイトにアップロードしたりするときには、その「サムネイル」があると便利です。

「サムネイル」は、動画を再生してキャプチャしたり、動画ソフトを起動して1コマを切り出したりすることで作れます。
しかし、数が多いと、1つ1つ作業して作るのは大変です。

そこで、そのようなときには、自動化してしまいましょう。

●「OpenCV」で「サムネイル」を作る

「動画のサムネイル」を作るには、いくつかの方法がありますが、ここでは、「OpenCV」を使います。

「OpenCV」は、**4-2節(画像マッチングしてボカシを入れる)**でも使ったもので、画像に関するさまざまな処理をするライブラリです。

この中に「動画の読み込み機能」があり、読み込んだ動画を1コマずつ切り出せます。

4-2節で説明した方法などを使って、「OpenCV」をあらかじめインストールしておいてください。

■ プログラム

「OpenCV」を使って、「動画のサムネイル」を作るプログラムは、次の通りです。

【リスト】video2cap.py

```
1  import cv2, os, sys
2  file = sys.argv[1]
3  if os.path.isdir(file):
4    files = [file + "¥¥" + f for f in os.listdir(file)]
```

[6-3]「動画のサムネイル」を作る

```
 5    else:
 6        files = [file]
 7    for file in files:
 8        cap = cv2.VideoCapture(file)
 9        cap.set(0, 1000)
10        cv2.imwrite(file + ".jpg", cap.read()[1])
```

■「フォルダ」(または「ファイル」)を処理する

　上記のリストでは、引数に「画像を保存したフォルダ名」、もしくは「動画ファイル名」を指定するように作ってあります。
　実行するときは、次のようにします。

```
python video2cap.py フォルダ名またはファイル名
```

　フォルダを指定したときには、そのフォルダに保存されているすべてのファイルを処理します。

　一方、ファイル名が指定されたときは、そのファイルだけを処理します。
　そのための処理は、次のようにしてあります。

```
file = sys.argv[1]
if os.path.isdir(file):
    files = [file + "¥¥" + f for f in os.listdir(file)]
else:
    files = [file]
```

　これで変数「files」に、対象のファイル名のリストが格納されます。

■動画を開いて保存

　動画を開くには、OpenCVの「cv2オブジェクト」を使います。
　「VideoCaptureメソッド」を使うと、その動画を読み込めます。

```
cap = cv2.VideoCapture(file)
```

＊

第6章 マルチメディア処理

そして、「サムネイルを作りたいコマ」まで移動します。
ここでは、「1000ミリ秒」(＝1秒)の移動するようにしました。

```
cap.set(0, 1000)
```

＊

そして、「readメソッド」を呼び出して読み込み、それを「imwriteメソッド」でファイルとして書き込みます。

```
cv2.imwrite(file + ".jpg", cap.read()[1])
```

なお、ここでは1行でまとめてしまいましたが、次のように書いたほうが見やすいかもしれません。

```
success, img = cap.read()
cv2.imwrite(file + ".jpg",img)
```

ここで、「success」は成否を示す値です。
「True」のとき、読み込みに成功したことを示します。

■ 好きなコマのサムネイルを作れる

ここでは「1秒後のサムネイル」を作りましたが、どのコマのサムネイルも作れます。

たまたま、1秒後のコマが「真っ黒」なこともあり得ます。
そこで精度を高めるには、移動したコマの「彩度」などを調べて、一定の明るさがないときは、さらに少し先のコマを取得し直すといいでしょう。
そうすれば、「何か映っているコマ」の率が高くなります。
また、何枚でも「サムネイル」を作れるので、繰り返し何コマが取得して、「パラパラ漫画」や「アニメーションGIF」を作るための静止画を取得するなどの目的でも使えます。

第7章 ネットワークの処理

Twitter　Googleカレンダー　FTPサーバ　メール

> 「API」や「プロトコル」をサポートするライブラリを使うと、プログラムから、さまざまな「ネットワーク・サービス」を使えます。
> この章では、「Twitter」や「Googleカレンダー」などをプログラムから操作する方法を紹介します。

7-1 「Twitter」をテキスト形式で取得

■「ツイート」をテキスト化

「Twitter」のツイートは、通常は「Webページ」上で閲覧します。
しかし、「印刷物として使いたい」とか「Excelワークシートでまとめたい」などの理由で、「テキスト化」したいことがあります。

そのようなとき、内容を1つずつコピペするのは大変です。
そこで、「テキスト」として取得するプログラムを作ってしまいましょう。

＊

Twitter社は、ツイートを操作する「API」を提供しており、それを使うことで、ツイートの一覧を取得したり、ツイートしたりできます。

第7章 ネットワークの処理

■「Twitter API」を利用するための準備

「Twitter API」を利用するには、自分が作ったプログラムを「アプリケーション」として登録する必要があります。

> ※2018年9月より、Twitter APIの利用制限が厳しくなり、はじめにDeveloper登録しなければならなくなりました。
> 　詳細は、
> https://blog.twitter.com/developer/ja_jp/topics/tools/2018/jp-new-developer-requirements-to-protect-our-platform.html
> を参照してください。

●「アプリケーション」を新規作成

まずは、「Twitter Apps」のページを開き、「アプリケーション」を作ります。

＊

Twitterにサインインしてから、次のURLにアクセスしてください。

```
https://apps.twitter.com/
```

そして、「アプリケーション」を登録します。

登録するには「アプリケーション名」(Name)と「説明」(Description)、「Webサイト」(Website)が必要です。
このうち「Webサイト」は、実在しないURLでもかまいません。

「アプリケーション」を作る

[7-1] 「Twitter」をテキスト形式で取得

●「カスタマー・キー」と「アクセス・トークン」を取得

「アプリケーション」を作ると、「カスタマー・キー」と「カスタマー・シークレット」という値が作られます。

「カスタマー・キー」「アクセス・トークン」を確認

さらに画面から操作して、「アクセス・トークン」と「アクセス・トークン・シークレット」を作ってください。

*

「Twitter API」を使うには、次の4つの情報が必要です。

第7章 ネットワークの処理

【アプリケーション設定】

① Customer Key (APP Key)
② Customer Secret (API Secret)

【アクセス・トークン】

③ Access Token
④ Access Token Secret

　この4つの情報をもっている人は、あなたに成り代わって操作できてしまうので、情報が漏れないように注意してください。

■ Pythonでツイートを操作

　Twitterが提供する「API」は、「WebのREST形式」です。
　「REST形式」のものを利用することもできますが、「呼び出しを中継するライブラリ」を使ったほうが簡単です。

　ここでは、「Python」で「Twitter API」を操作する「python-twitter」を使います。

```
https://pypi.python.org/pypi/python-twitter
```

　次のように、「pipコマンド」を使ってインストールしてください。

```
pip install python-twitter
```

[7-1] 「Twitter」をテキスト形式で取得

■プログラム

「10行プログラム」は、次の通りです。

【リスト】tweetlist.py

```python
1  import twitter
2  api = twitter.Api(
3    consumer_key="Consumer Key(API Key)を記載",
4    consumer_secret="Consumer Secret(API Secret)を記載",
5    access_token_key="Access Tokenを記載",
6    access_token_secret="Access Token Secretを記載")
7  statuses = api.GetUserTimeline(screen_name="kohgaku")
8  for s in statuses:
9    print(s.text)
```

●「ツイート一覧」を取得

あるユーザーのツイートをテキスト化するには、「GetUserTimelineメソッド」を使います。

たとえば、

```
statuses = api.GetUserTimeline(screen_name="kohgaku")
```

のようにすると、「ユーザー名」が「kohgaku」である最新のツイート一覧を取得できます。

デフォルトで一度に取得できるツイート数は、「200個」までです。

> ※200個以上取得したいときは、「since_id」オプションを指定して、分割して読み取ります。

●ボット作りも簡単

自分のタイムラインにツイートするのも、このライブラリなら簡単です。
次のように、「PostUpdateメソッド」を呼び出すだけです。

```
api.PostUpdate("投稿テスト")
```

第7章 ネットワークの処理

7-2 「Googleカレンダー」の予定を一覧にする

■「API」で、「Googleカレンダー」にアクセス

「Googleカレンダー」には、アクセスするためのAPIが提供されています。

ここでは、「Googleカレンダー」から、「直近10件の予定」を取得するプログラムを作ります。

■「Googleカレンダー」にアクセスするための準備

APIからアクセスするには、「サービスアカウントの作成」や「Googleカレンダーへのアクセス権限の許可」の設定が必要です。

---

[1]「Google Developer Console」(https://console.developers.google.com/)にアクセスし、APIマネージャを開き、「Google Calendar API」を探して有効にします。

「Google Calendar API」を探す

[7-2] 「Googleカレンダー」の予定を一覧にする

「Google Calendar API」を有効にする

[2] APIを有効にすると、「認証情報を作成」というボタンが現われます。

これをクリックすると、どのような「認証情報」を作るのか尋ねられるので、「APIを呼び出す場所」として、「その他の非UI(cronジョブ、デーモンなど)」を選択します。

「認証情報」を作る

アクセスするデータの種類は、「アプリケーション・データ」とします。

作成する「認証情報」の設定

第7章 ネットワークの処理

[3]すると、「サービス・アカウント」の作成画面になります。

　ここでは、適当な「サービス・アカウント名」(どのような名称でもかまいません)を入力して、「JSON形式」を選んで「次へ」をクリックします。

　すると、アクセスに必要な「キー情報」が書かれた、「JSON形式」ファイルをダウンロードできます。

「サービス・アカウント」を作る

[4]続いて「アクセス権」を設定します。

　まずは、**手順[3]**でダウンロードしたJSONファイルをテキストエディタで開き、次の設定を確認します。

```
"client_email": "myaccount@XXXXXXXX.XXXXX.iam.gserviceaccount.com"
```

　これが、プログラムから「Googleカレンダー」にアクセスするときのIDとなります。

[7-2] 「Google カレンダー」の予定を一覧にする

[5] 次に、「Google カレンダー」を開いて、「カレンダー ID」を確認します。

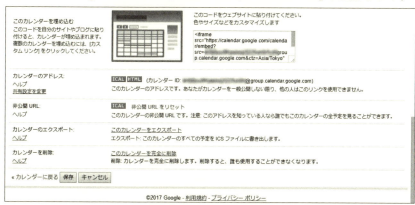

「カレンダー ID」の確認

[6] そして、共有設定画面で、「client_email」に対してアクセス許可を与えます。

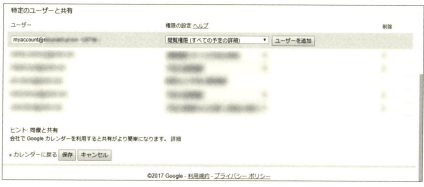

「アクセス許可」を与える

■ Pythonで「Googleカレンダー」にアクセス

「10行プログラム」は、次のようになります。

【リスト】gcalendar.py

```
1  import httplib2, datetime, apiclient
2  from oauth2client.service_account import ServiceAccountCredentials
3  credentials = ServiceAccountCredentials.from_json_keyfile_name(
4    'JSONファイル名', 'https://www.googleapis.com/auth/calendar')
5  service = apiclient.discovery.build('calendar', 'v3', http=credentials.authorize(httplib2.Http()))
6  now = datetime.datetime.utcnow().isoformat() + 'Z'
7  events = service.events().list(
8    calendarId="図6のカレンダーID",timeMin=now,
9    maxResults=10, singleEvents=True, orderBy='startTime').execute()
10 for i in events.get('items') : print(i['start']['dateTime'], i['summary'])
```

次のライブラリを利用しています。
「pipコマンド」でインストールしておいてください。

```
pip install httplib2
pip install google-api-python-client
```

＊

実行すると、次のような感じで、「直近10件の予定」が表示されます。

```
2017-08-31T19:30:00+09:00 打ち合わせ
2017-09-02T14:00:00+09:00 映画
2017-09-05T16:00:00+09:00 取材
2017-09-06T10:00:00+09:00 打ち合わせ
2017-09-06T14:00:00+09:00 締め切り
…略…
```

ここでは「開始日時」しか表示していませんが、「i['end']['dateTime']」を参照すれば、「終了日時」を表示することもできます。

7-3 「FTP」にファイルをアップロード

■「コマンドライン」からFTPにファイルをアップロード

「ホームページの更新」などでは、「FTP」を使ってファイルをアップロードすることがあります。

「FTP」でアップロードする際には、一般的に「GUIのツール」を使うことが多いのですが、毎日決まった時間にアップロードするなどの「定期更新」をしたい場合は、「GUIのツール」よりも「コマンドライン」から操作したほうが、間違いもなく簡単です。

「Python」では、「ftplibライブラリ」を使うと、「FTP」を使って「ファイル」を送受信できます。

このライブラリは「標準ライブラリ」なので、利用するにあたり、あらかじめインストールしておかなければならないものはありません。

■ ファイルを「送信」する

「FTP」でファイルを送信するのは簡単で、次のようにします。

【リスト】ftpupload.py

```
1  from ftplib import FTP
2  ftp = FTP('ftp.example.co.jp')
3  ftp.login(user='myname', passwd='mypasswd')
4  ftp.cwd('/')
5  ftp.storbinary("STOR example.txt", open("example.txt", "rb"))
6  ftp.close()
```

第7章 ネットワークの処理

●「FTP」に接続してログイン

まずは、「FTPオブジェクト」を作ります。
引数に渡すのは、「FTPサーバのホスト名(サーバ名)」です。

```
ftp = FTP('ftp.example.co.jp')
```

＊

そして「loginメソッド」を実行してログインします。
「userパラメータ」に「ユーザー名」、「passwdパラメータ」に「パスワード」を指定します。

```
ftp.login(user='myname', passwd='mypasswd')
```

●ファイルの送信

ファイルを送信するには、まず、「送信先のディレクトリ」に移動します。
それには、「cwdメソッド」を使います。

```
ftp.cwd('/')
```

＊

次に、「storbinaryメソッド」を使います。
これは、任意の「FTPコマンド」を送信して、それに後続して「バイナリ・データ」を送信するためのものです。

「FTP」では、「STOR」というコマンドを使ってデータを送信するので、たとえば、「example.txt」をアップロードする場合は、次のようにします。

```
ftp.storbinary("STOR example.txt", open("example.txt", "rb"))
```

ここでは1ファイルしか送信していませんが、必要があれば、「storbinaryメソッド」を何度も呼び出して、複数のファイルを転送することもできます。

●接続を閉じる

転送が終わったら、「closeメソッド」を呼び出して、接続を閉じます。

```
ftp.close()
```

[7-3] 「FTP」にファイルをアップロード

■ ファイルを「受信」する

一覧表示したり、受信したりすることもできます。

●ファイルを「一覧表示」する

「ファイル一覧」を取得するには、主に3つの方法があります。

①「nlstメソッド」を使う

1つ目の方法は、「nlstメソッド」を使う方法です。
「ファイルの一覧」がリストとして取得できます。
多くの場合、この方法で充分でしょう。

```
print(ftp.nlst('.'))
→['myfolder', 'example.txt']
```

②「LISTコマンド」を送信

2つ目の方法は、任意の「FTPコマンド」を送信して、その結果を文字列として取得できる「retrlinesメソッド」を使う方法です。
FTPでは「LIST」というコマンドを実行すると、ファイル一覧を表示できるので、次のようにします。

```
print(ftp.retrlines('LIST'))
```

結果は、「文字列」として表示されます。
どのような文字列なのかは「FTPサーバ」に依存するので、「どこがファイル名」「どこが日付」「どこがパーミッション」なのかを切り分けて判断するのは困難です。
たとえば、次のような書式になります。

```
drwxr-xr-x    2 osawa    users    4096 Jun  3  2016 myfolder
-rw-r--r--    1 osawa    users      12 Oct 30 11:01 example.txt
```

③「mlsdメソッド」を使う

最後の方法は、「RFC3659」で提唱されている「MLSDコマンド」を使う方法です。

この方法なら、「ファイル名」「ファイルサイズ」「パーミッション」などを、定められた書式で取得できます。

```
for (filename, param) in ftp.mlsd("."):
  print(filename)
  print(param)
```

●ファイルを「受信」する

さて、ファイルを「受信」するには、「retrbinaryメソッド」を使います。

このメソッドは、FTPに任意のコマンドを入力し、その結果を「バイナリ・データ」として受け取るためのものです。

FTPでは、「RETR」というコマンドを使うと、「バイナリ・データ」をダウンロードできます。

たとえば、「example.txt」をダウンロードして、それをローカルの「example.txt」として書き込むには、次のようにします。

```
ftp.retrbinary('RETR example.txt', open('example.txt', 'wb').write)
```

■「動的コンテンツ」のアップロードに便利

ここでは既存のファイルをアップロードする例を示しましたが、「Pythonプログラム」ですから、アップロードする内容自体を、その場で作ることができます。

たとえば、「今日の天気」を「Web API」で取得して、それを「毎朝7時にホームページのコンテンツとしてアップロードする」という使い方もできるわけです。

この「自動的に定時でファイルをアップロードする仕組み」は、いろいろと便利に使えると思います。

7-4 「メール」を受信する

■「POP3」でメールを受信

「Slack」や「Chatwork」のような「チャット・ツール」に押されつつも、「メール」はまだまだ健在です。

メールを読むときに使うのは「メール・ソフト」ですが、プログラムで読むことができると、さまざまな自動化ができます。

たとえば、次のようなことを実現できます。

・新着メールの通知
・特定の差出人のメールを削除
・メールの転送
・受信内容をSNSなどに投稿
・差出人アドレスをデータベースに登録

■ メールを解析するモジュール

「Python」には、メールの受信に使われる「POP3」や「IMAP4」をサポートしたモジュールが標準で付属しています。

しかし、メールは「MIME形式」なので、受信したメールを解析して「差出人」「件名」「本文」などの部分を取り出すのは、少しやっかいです。

そこで、こうした解析ができる「mail-parser」というモジュールを使ってみましょう。

次のようにインストールしてください。

```
pip install mail-parser
```

第7章　ネットワークの処理

■ メールを受信するプログラム

メールを受信して、「mail-parser」を使って解析し、「差出人」「件名」「本文」を表示する「10行プログラム」は、次のようになります。

【リスト】pop3mail.py

```
1  import poplib,email,mailparser
2  pop3 = poplib.POP3(メールサーバ名)
3  pop3.user(ユーザー名)
4  pop3.pass_(パスワード)
5  for mail in pop3.list()[1]:
6    (no,msg_size) = mail.decode().split(" ")
7    mail_data = pop3.retr(no)
8    mail = mailparser.parse_from_bytes(b'\r\n'.join(mail_data[1]))
9    print(mail.from_, mail.subject, mail.body)
10 pop3.quit
```

●「POP3サーバ」に接続する

まずは、「POP3サーバ」に接続します。

接続するには、「サーバ名」を指定して「POP3オブジェクト」を取得します。
そして、「userメソッド」で「ユーザー名」を、「pass_メソッド」で「パスワード」を、それぞれ指定してログインします。

```
pop3 = poplib.POP3(メールサーバ名)
pop3.user(ユーザー名)
pop3.pass_(パスワード)
```

> ※パスワードを設定するメソッドは「pass_」のように、末尾に「_」が付いている点に注意してください。
> 　これは「pass」が「Python」の予約語であるため、それと重複しないよう命名されているためです。
> 　後述する、「mailparserモジュール」の差出人を示すプロパティ「from_」も同様です。

ここでは、普通の「POP3」(平文)で接続していますが、「APOP」にも対応しています。
「APOP」を使う場合は、「userメソッド」と「pass_メソッド」の代わりに「apopメソッド」を使います。

[7-4] 「メール」を受信する

また、通信をSSLで暗号化する、「POP3 over SSL」も使えます。
「POP3 over SSL」を使うときは、「POP3オブジェクト」の代わりに、「POP3_SSLオブジェクト」を使います。

> ※本書では紹介しませんが、「IMAP4」でアクセスするためのクラスもあります。

● 「メール一覧」の取得と受信

接続したら、「メール一覧」を取得します。

「メール一覧」は、「listメソッド」で取得できます。
これを「ループ処理」して、「decodeメソッド」を呼び出すと、メールの詳細情報を取得できます。

「decodeメソッド」の結果は、空白区切りの文字列です。
先頭から順に、「メッセージ番号」と「サイズ」です。

```
mail_list = pop3.list()
for mail in mail_list[1]:
    (no, size) = mail.decode().split(" ")
```

● メールの「受信」と「解析」

「受信」するには、得た「メッセージ番号」を引数に指定して、「retrメソッド」を実行します。

```
mail_data = pop3.retr(no)
```

＊

受信したデータは、1行ごとのバイト配列です。
「mailparser」に渡すには、これらを改行で結合して、全体を1つの「バイト・データ」にします。

```
mail = mailparser.parse_from_bytes(b'\r\n'.join(mail_data[1]))
```

＊

すると、「差出人」や「件名」「本文」などが、「mailparser」のプロパティとして取得できます。

それぞれ、「form_」「subject」「body」です。

適切に解析し、また、文字コードの変換もしてくれるので、プログラマーが何かしなければならないことはありません。

```
print(mail.from_, mail.subject, mail.body)
```

＊

メールの処理が終わったら、「quitメソッド」を実行して切断します。

```
pop3.quit
```

＊

なお、このプログラムでは、受信後に「メールの削除」をしていないので、次回起動したときは、また同じメールが読み取られてしまいます。

「deleメソッド」を実行すると、そのメールを削除することもできます。

■「スパム・フィルタ」や「SNSへの自動投稿システム」を作れる

上記のプログラムは、届いているメールの一覧を取得して画面に表示しているだけですが、さらにプログラムを書けば、さまざまな処理を追加できます。

たとえば、「差出人」や「件名」などを判断して、「不要なものは、読まずに削除する」ようなプログラムを作れば、自分専用の「スパム・フィルタ」として活用できるでしょう。

また、専用のメールアドレスを作っておき、そこにメールが届いたときは、本文の内容を「Twitter」などのSNSに自動投稿する、といった仕組みも、簡単に作れるはずです。

索　引

50音順

《あ行》
- あ　アクセス・トークン……………………… 109
- い　一時停止……………………………………102
- 　　一覧化…………………………………………9
- お　音声合成………………………………………96

《か行》
- か　開発者モード…………………………………90
- 　　改ページ………………………………………33
- 　　格納ファイルの一覧を取得…………………19
- 　　カスタマー・キー………………………… 109
- 　　カスタム検索エンジン………………………72
- 　　画像処理………………………………………38
- 　　画像処理ライブラリ……………………51,59
- 　　画像ファイルの読み込み……………………40
- 　　画像マッチング…………………………62,78
- 　　画像を重ね合わせる…………………………40
- 　　画像を読み込む………………………………60
- 　　画面キャプチャ……………………………85,88
- 　　漢字をひらがなに変換………………………98
- く　クリップボードの画像を取得……………52
- け　検索………………………………………………71
- こ　国土地理院……………………………………69
- 　　コマンドライン…………………………… 117

《さ行》
- さ　差分の表示……………………………………49
- し　シェルで実行…………………………………28
- 　　しばらく待つ…………………………………82
- す　ズラしてページを重ね合わせる……………36
- せ　世界地図………………………………………67
- 　　接続を閉じる……………………………… 118
- 　　セルデータの取得……………………………11
- そ　操作の自動化…………………………………77

《た行》
- つ　ツイートのテキスト化…………………… 111
- て　データの書き出し……………………………12
- 　　テキスト化…………………………………19,27
- 　　テキスト入力…………………………………14
- 　　テキストボックス……………………………15
- と　動画の再生…………………………………102
- 　　動画の読み込み……………………………105

《な行》
- に　入力テキストの取得…………………………16

《は行》
- は　バーコード印刷………………………………33
- 　　パスワード…………………………………122
- 　　パスを通す……………………………………23
- 　　ハッシュ………………………………………55
- 　　早戻し…………………………………………102
- ふ　ファイル一覧の取得……………………… 119
- 　　ファイルに書き出す…………………………37
- 　　ファイルの印刷………………………………43
- 　　ファイルの受信…………………………… 120
- 　　ファイルの送信…………………………… 118
- 　　ファイルを取り出す…………………………19
- 　　フォルダの違いを調べる……………………46
- 　　フォルダの監視………………………………43
- へ　ページサイズの取得…………………………36
- ほ　ボカシ処理……………………………………65
- 　　保存……………………………………………33
- 　　保存ファイル名を指定………………………53
- 　　ボット……………………………………… 111

《ま行》
- ま　マウス・クリック……………………………82
- 　　マウス操作……………………………………81
- 　　マッチした座標を探す………………………79

索 引

マッチング ································· 65
み 見開きに変換 ·························· 36
め メール一覧の取得 ··················· 123
　 メール解析 ······························ 121
も 文字コードの変換 ····················· 98
　 文字の描画······························· 33
　 文字を書く······························· 60

《や行》

ゆ ユーザー名······························ 122

《ら行》

る ループ処理··························· 11,15
ろ ログイン································ 118

アルファベット順

《A》

Appiumライブラリ ························· 90
AquesTalk2 Winライブラリ············· 96

《B》

bindメソッド ································· 15

《C》

Cartopyライブラリ ························· 69
cell_valueメソッド························· 11
Chromecastを操作 ······················ 100
Chromeの終了····························· 88
clickメソッド································· 82
closeメソッド······························ 118
communicateメソッド ···················· 28
composite_channelメソッド············ 40
convert関数································· 15
ctypesライブラリ··························· 97
Custom Search API······················ 71
cv2オブジェクト··························· 105
cwdメソッド································ 118

《D》

decodeメソッド··························· 123
dicrmpオブジェクト························ 48
difflibライブラリ···························· 49
dircmp関数································· 46
DLLファイルの読み込み ················ 97
drawCenteredStringメソッド·········· 33

《E》

encodeメソッド····························· 98
Excelファイルの書き込み ··············· 10
Excelファイルの読み込み ··············· 10
extractメソッド····························· 19

《F》

filedialog.asksaveasfileメソッド······ 53
FTPオブジェクト ························· 118
FTPコマンドの送信····················· 118
FTPに接続······························· 118

《G》

GetUserTimelineメソッド············· 111
getメソッド ·································· 16
GhostScript ································· 39
globメソッド································· 11
google-api-python-clientライブラリ ··· 117
Googleカレンダー························ 112

《H》

HtmlDiffクラス······························ 50
httplib2ライブラリ························ 117

《I》

ImageDrawオブジェクト················· 60
ImageGrab.getclipboardメソッド····· 52
ImageMagickライブラリ················· 38
imwriteメソッド·························· 106
IPAフォント·································· 33

《L》

LISTコマンド····························· 119
listメソッド······························ 74,123
locateCenterOnScreenメソッド······· 79
loginメソッド······························ 118

《M》

mail-parser······························· 121
mainloopメソッド·························· 15
matchTemplateメソッド················· 65
matplotlib basemap toolkitライブラリ········67
media_controllerオブジェクト ······· 102
mediaBox.getUpperRightメソッド····36
mergeTranslatedPageメソッド········36
minMaxLocメソッド······················· 65
mlsdメソッド······························ 120

索 引

《N》
namelist メソッド ……………………………… 19
nlst メソッド …………………………………… 119

《O》
Observer オブジェクト ………………………… 45
OCR 処理 ………………………………………… 21
on_press 関数 …………………………………… 84
on_XXXX メソッド …………………………… 44
OpenCV ライブラリ …………………………62,104

《P》
PageObject オブジェクト ……………………… 36
pages メソッド ………………………………… 36
parse メソッド ………………………………… 20
pass_ メソッド ………………………………… 122
PdfFileReader オブジェクト ………………… 36
PdfFileWriter オブジェクト ………………… 36
pdfminer3k ……………………………………… 27
PDF の解析 ……………………………………… 39
PDF の全ページを取得 ………………………… 36
PDF を作る …………………………………31,35,36
Perceptual ハッシュ …………………………… 57
Pillow …………………………………………51,59
play_media メソッド ………………………… 102
PostUpdate メソッド ………………………… 111
PyAutoGUI ライブラリ ……………………… 77
pychromecast ライブラリ …………………… 100
pykakashi ……………………………………… 98
pynput ライブラリ …………………………… 81
pyocr …………………………………………… 23
PyPDF2 ライブラリ …………………………… 35
python-twitter ライブラリ ………………… 110
PyWin …………………………………………… 43

《Q》
quit メソッド …………………………………… 88

《R》
read メソッド ………………………………… 106
ReportLab ライブラリ ………………………… 31
retrbinary メソッド ………………………… 120
retr メソッド ………………………………… 123
RPA ……………………………………………… 89

《S》
save メソッド …………………………………… 33
schedule メソッド ……………………………… 45
screenshot メソッド …………………………… 88
Selenium ………………………………………… 85
send_keys メソッド …………………………… 95
setMode メソッド ……………………………… 99
ShellExecute 関数 ……………………………… 45
showPage メソッド …………………………… 33
sleep メソッド ………………………………… 82
split メソッド ………………………………… 16
storbinary メソッド ………………………… 118
subprocess.Poepn メソッド …………………… 28

《T》
tablib ライブラリ ……………………………10,12
tesseract-ocr …………………………………… 22
textile 記法 ……………………………………… 13
Tkinter ………………………………………14,53
Twitter API ………………………………… 108

《U》
User-Agent ……………………………………… 29
user メソッド ………………………………… 122

《V》
VideoCapture メソッド ……………………… 105

《W》
wait メソッド ………………………………… 101
Wand ライブラリ ……………………………… 39
WatchDog ……………………………………… 43
WebDriver ……………………………………… 85
Win32API ……………………………………… 43
Windows Application Driver ……………… 89
withdraw メソッド …………………………… 53
write メソッド ………………………………… 37

《X》
xlrd ライブラリ ………………………………… 10
xml ファイルの読み込み ……………………… 20

《Z》
zipfile ライブラリ ……………………………… 18
zip 形式を扱う ………………………………… 18

■著者プロフィール

大澤　文孝（おおさわ・ふみたか）

テクニカルライター。プログラマー。
情報処理技術者（情報セキュリティスペシャリスト、ネットワークスペシャリスト）。
雑誌や書籍などで開発者向けの記事を中心に執筆。主にサーバやネットワーク、Webプログラミング、セキュリティの記事を担当する。
近年は、Webシステムの設計・開発に従事。

［主な著書］

「ちゃんと使える力を身につける JavaScriptのきほんのきほん」「ちゃんと使える力を身につける Webとプログラミングのきほんのきほん」
(マイナビ)

「Amazon Web Services 完全ソリューションガイド」「Amazon Web Services クラウドデザインパターン実装ガイド」　　(以上、日経BP)

「UIまで手の回らないプログラマのための Bootstrap 3実用ガイド」
「prototype.jsとscript.aculo.usによるリッチWebアプリケーション開発」
(以上、翔泳社)

「「sakura.io」ではじめるIoT電子工作」「TWE-Liteではじめるセンサー電子工作」「TWE-Liteではじめるカンタン電子工作」「Amazon Web Servicesではじめる Webサーバ」「プログラムを作るとは？」「インターネットにつなぐとは？」「TCP/IPプロトコルの達人になる本」「クラスとオブジェクトでわかる Java」「IPv6導入ガイド」　　(以上、工学社)

本書の内容に関するご質問は、
①返信用の切手を同封した手紙
②往復はがき
③FAX (03)5269-6031
　（返信先のFAX番号を明記してください）
④E-mail　editors@kohgakusha.co.jp
のいずれかで、工学社編集部あてにお願いします。
なお、電話によるお問い合わせはご遠慮ください。

サポートページは下記にあります。

［工学社サイト］
http://www.kohgakusha.co.jp/

Python10行プログラミング

2018年8月20日　第1版第1刷発行　ⓒ2018
2019年9月15日　第1版第2刷発行

著　者　大澤　文孝
発行人　星　正明
発行所　株式会社**工学社**

〒160-0004 東京都新宿区四谷4-28-20 2F
電話　　(03)5269-2041 (代) [営業]
　　　　(03)5269-6041 (代) [編集]
振替口座　00150-6-22510

※定価はカバーに表示してあります。

印刷：(株)エーヴィスシステムズ

ISBN978-4-7775-2057-2